작가의 말

이 책은 초등학교에서 나오는 세계 주요 55개 나라의 이름과 위치 등을 즐겁게 배울 수 있도록 구성된 그림책입니다. 지리를 배울 때 나라 이름을 비롯해 기후나 통계 등 익숙하지 않은 용어를 무작정 외우기만 하면 머릿속에 잘 들어오지 않습니다.

이 책에는 즐겁게 배우고 오랫동안 기억하게 하는 비밀이 있습니다. 저는 유치원, 보육원, 그림 교실에서 오랫동안 아이들과 함께한 경험을 바탕으로 이 지도책을 만들었습니다. 실제로 그림을 보여 주고 '고래 모양은 러시아'라고 말한 뒤, 백지도를 보여 주면 아이들이 나라 이름을 말할 수 있는지 여러 번 시험해 봤습니다. 그리고 각 나라를 백지도와 그림으로 일치시켰을 때 기억에 남을 수 있도록 모양을 확인하면서 만들었습니다. 아이들은 흥미롭고 좋아하는 건 바로 기억합니다. 이 책이 세계와 친해질 수 있는 하나의 문이 되기를 희망합니다.

아키야마 카제사부로·편집부

들어가며

이 그림책은 첫 장부터 읽지 않아도 됩니다. 나라의 순서에 개의치 말고 관심 있는 나라부터 읽으세요. (※여기에서는 28쪽 러시아를 예로 들었습니다.) 처음에는 각 나라의 수도, 설명문, 문화 관련 내용에 크게 구애 받지 말고 읽어 주세요. 아이가 커 가면서 흥미가 넓어지면 더 많은 걸 기억하게 될 겁니다.

5단계로 따라해 보세요.

1. 왼쪽 위에 써져 있는 '고래 모양은 러시아'를 3번 소리 내어 읽어 주세요.
2. 오른쪽 위의 '유럽 지도'에서 '러시아'를 찾아보세요.
3. 중간의 미니 게임에 도전해 보세요. 미니 게임은 미로나 퀴즈 등 나라에 따라 다릅니다.
   ※ 대한민국과 북한은 공간 때문에 한 페이지에 넣었습니다.
4. 마지막 아래 퀴즈에서 '고래 모양은 OOO'라고 말할 수 있다면 성공입니다!
5. 가장 마지막 페이지에 '복습 지도'가 있습니다.
   이 지도에서 나라 이름을 말할 수 있다면 완전 성공!

하루에 1~3개 나라를 만나는 것이 목표입니다.

■ 일러두기
1. 지도에 적용한 사물이나 동물은 모양을 기억하기 위한 것입니다. 그 나라의 특징이나 특산물과는 관계가 없습니다.
2. 이 책에 게재한 나라 정보는 2017년 9월 기준입니다. 각 국가명은 대한민국 외교부를, 세계 유산 이름은 유네스코 공식 사이트인 '유네스코 한국위원회' 표기를 따랐습니다.
3. 지도상의 연한 회색 부분은 국제법상 어느 나라 영토인지 명확히 결정되지 않은 지역입니다. 오세아니아의 태평양 섬이나, 미국의 카리브 해 섬 등은 일부 생략했습니다.

[참고 문헌]
新詳高等地図(帝国書院) / データブック オブ・ザ・ワールド 2017年版 － 世界各国要覧と最新統計 － (二宮書店) / 小学生 学習世界地図帳 (成美堂出版) 楽しく学んで力がつく！ こども世界地図 (永岡書店) / 外務省HP / 各国大使館HP / 公益社団法人日本 協力連盟HP

하루 10분, 세계 지도와 놀아요

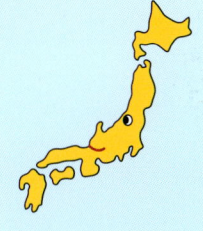

세계에는 198개의 나라(대한민국 외교부 기준)가 있습니다.

아시아, 오세아니아, 유럽, 북아메리카, 남아메리카,

아프리카 등 큰 지역으로 나뉘어 있습니다.

이 책에서는 초등학생들이 궁금해하는

55개 나라를 소개합니다.

그 나라의 형태와 위치, 다양한 문화와 유명한 유산

등을 그림으로 즐겁게 배워 봅시다.

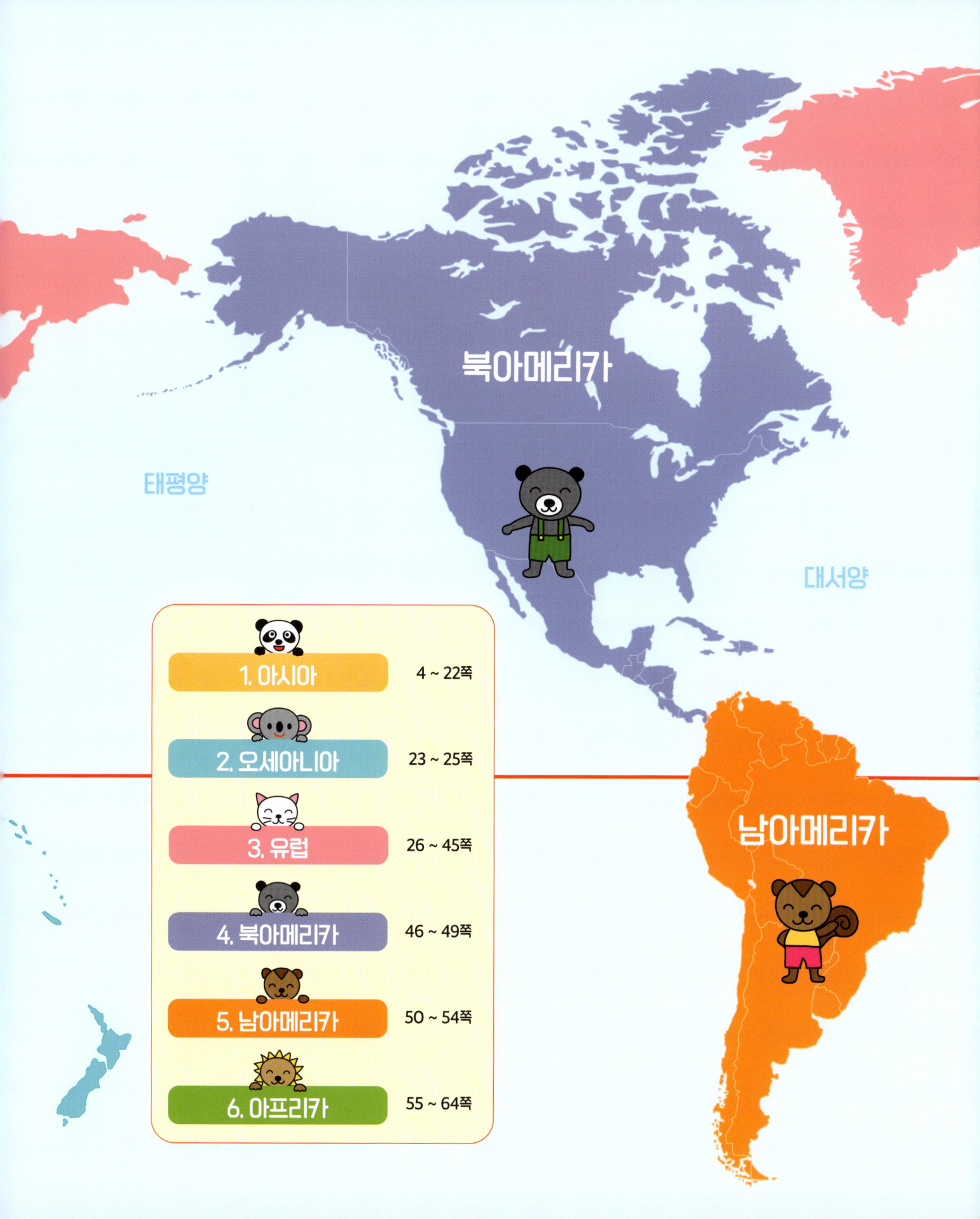

러시아

북한

대한민국

일본

대만

태평양

필리핀

베트남

말레이시아

브루나이

인도네시아

파푸아뉴기니

동티모르

너구리는 대한민국

악어는 북한

초승달은 일본

잠수함은 몽골

사자무는 중국

은행잎은 태국

강아지는 베트남

개복치는 인도

전차는 네팔

당근은 말레이시아

오이와 가지는 인도네시아

달팽이는 이란

호랑이는 이라크

버스는 터키

라쿤은 사우디아라비아

대한민국

수도
서울

너구리 모양은 대한민국

대한민국과 북한은 예전에는 하나의 나라였어요. 아주 옛날부터 중국, 일본과 많은 문화를 주고받았답니다.

3번 소리 내어 읽어 보세요.

평양
서울

퀴즈

너구리 모양은
○○○○

●전통문화●

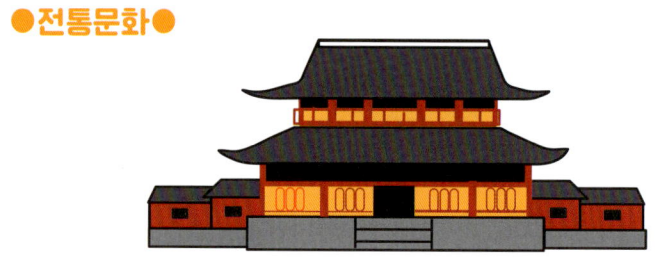

세계 유산
창덕궁
약 600년 전에 지어진 아름다운 궁전.

북한

수도
평양

퀴즈

악어 모양은
○○

악어 모양은 북한

3번 소리 내어 읽어 보세요.

●전통문화●

냉면
북한 지역에서 시작된 차가운 면 요리.

수도
도쿄

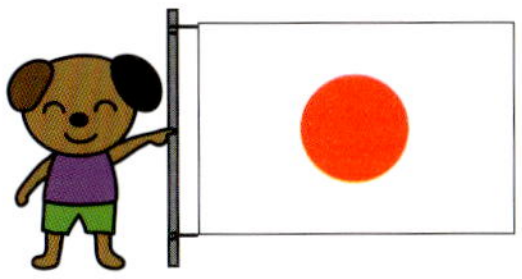

일본

초승달 모양은 일본

홋카이도, 혼슈, 시코쿠, 규슈, 오키나와 등 크게 5개의 섬으로 이루어져 있어요. 고유 전통 문화가 있어요.

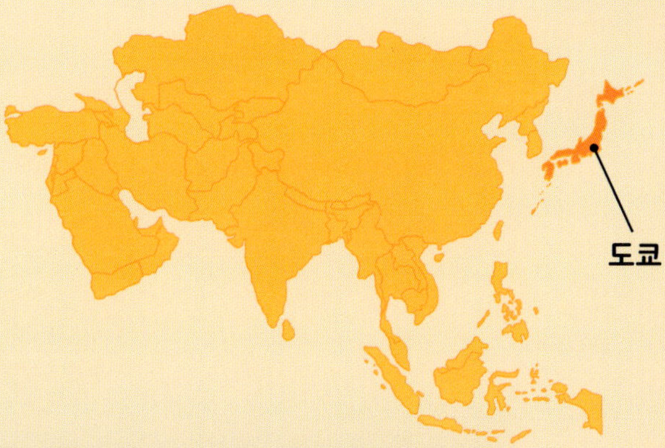

도쿄

3번 소리 내어 읽어 보세요.

미로
초승달 모양 일본으로 출발.

출발 → 도착

● 전통문화 ●

세계 유산
호류지 
세계에서 가장 오래된 목조 건축 질.

세계 유산
후지산 
높이 3776미터로, 세계적으로 유명한 아름다운 산.

가부키
약 400년 동안 이어져 온 전통 연극.

퀴즈

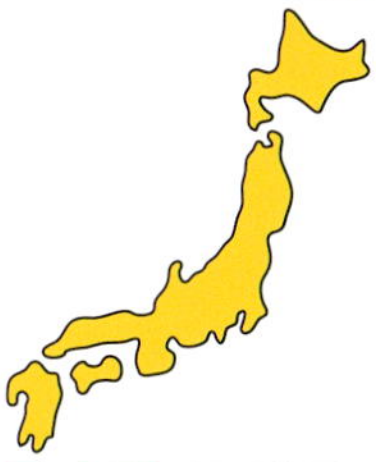

초승달 모양은
○○

몽골

수도
울란바토르

잠수함 모양은 몽골

국토의 대부분이 초원이라서 유목이 발달했어요. 동(구리), 희소 금속 등 광물 자원이 많아 한국, 일본 등 여러 나라에 수출하고 있어요.

울란바토르

3번 소리 내어 읽어 보세요.

미로
잠수함 모양 몽골로 출발.

도착 / 출발

퀴즈

잠수함 모양은
○○

● 전통문화 ●

게르
유목민의 이동식 집.

몽골의 씨름
'부흐'라고 하는 격투기.

칭기즈 칸
1200년쯤 몽골 제국을 건설했다.

중국

수도
베이징

사자무 모양은 중국

인구가 약 14억 명으로, 세계에서 가장 많아요. 고대부터 한국과 일본을 비롯해 아시아의 여러 나라에 문화를 전하는 등 깊은 관계를 맺고 있어요.

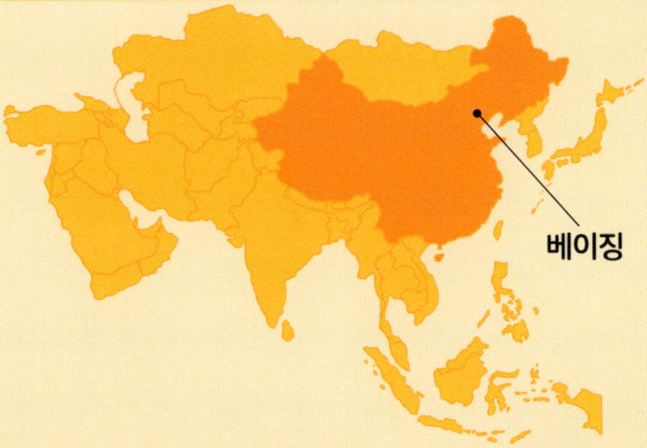

3번 소리 내어 읽어 보세요.

베이징

틀린 곳 찾기
틀린 곳이 세 군데 있어요. 찾아보세요.

●전통문화●

세계 유산
만리장성

세계에서 가장 긴 건축물.
약 2만 킬로미터.

판다 — 중국에서만 살고 있다.

세계 유산
자금성

세계 최대 궁전.

퀴즈

사자무 모양은
○○

틀린 곳 찾기_정답: 이빨, 눈썹, 몸통의 무늬

태국

수도 방콕

은행잎 모양은 태국

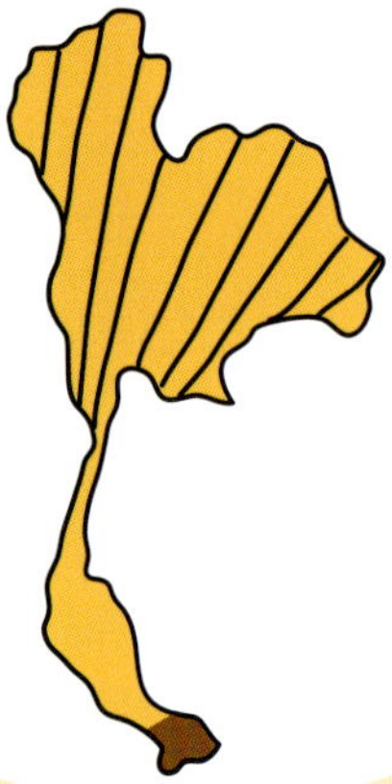

쌀을 많이 재배해요. 불교의 나라라서 남자 아이들은 짧게라도 승려가 되어 수행하는 기간을 꼭 가져요. 아름다운 사원이 많지요.

3번 소리 내어 읽어 보세요.

방콕

퀴즈
은행잎은 가을이 되면 어떤 색으로 변할까요?

① 녹색　② 빨간색　③ 노란색

퀴즈
은행잎 모양은 ○○

●전통문화●

세계 유산
아유타야 역사 도시 
1300~1700년쯤 번성했던 도시.

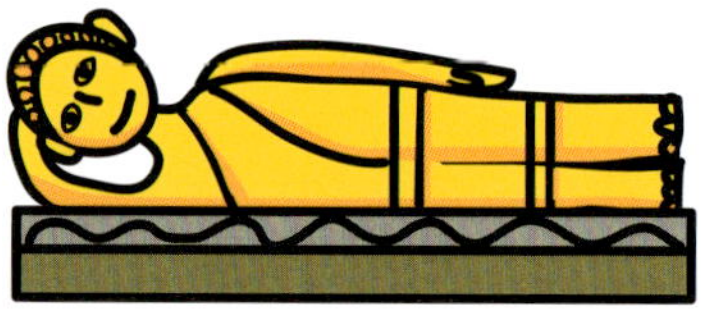

왓 포의 열반상
부처님이 열반에 들 때의 모습을 표현했다.

천연고무나무
세계에서 가장 많이 생산한다.

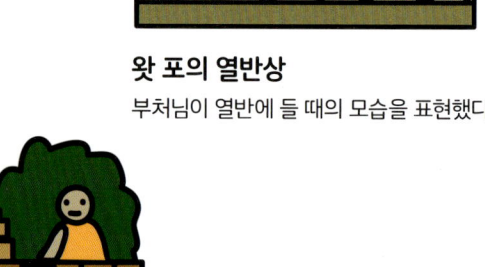

퀴즈_정답: ③

수도
하노이

베트남

강아지 모양은 베트남

남북으로 긴 나라예요. 홍강과 메콩강 주변으로 쌀농사가 발달했어요.

3번 소리 내어 읽어 보세요.

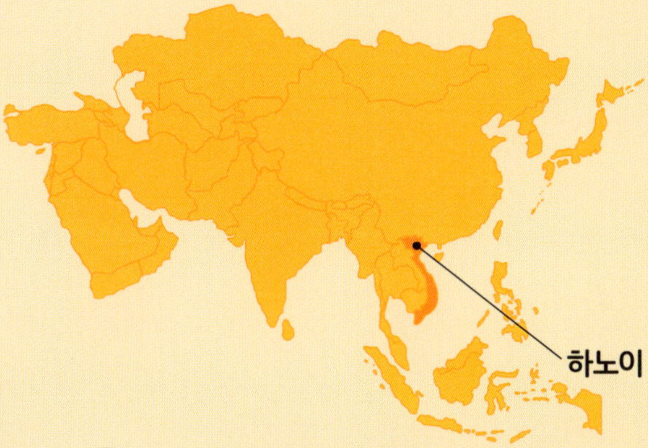

하노이

출발

미로
강아지 모양 베트남으로 출발.

도착

● 전통문화 ●

하롱베이 　　세계 유산

바다 위에 솟아 있는 수많은 섬이 수묵화를 그려 놓은 듯 아름다운 풍경.

포(베트남 쌀국수)

쌀로 만든 면 요리.

아오자이

베트남 전통 의상.

퀴즈

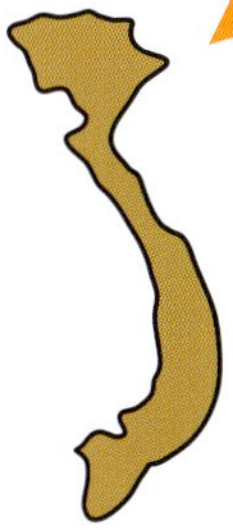

강아지 모양은
○○○

인도

수도 뉴델리

개복치 모양은 인도

3번 소리 내어 읽어 보세요.

인구가 약 13억 명으로, 세계에서 두 번째로 많으며, 80퍼센트가 힌두교를 믿어요. 카레는 인도의 대표 음식으로, 세계 여러 나라에 전해졌어요.

뉴델리

미로
개복치 모양 인도로 출발.

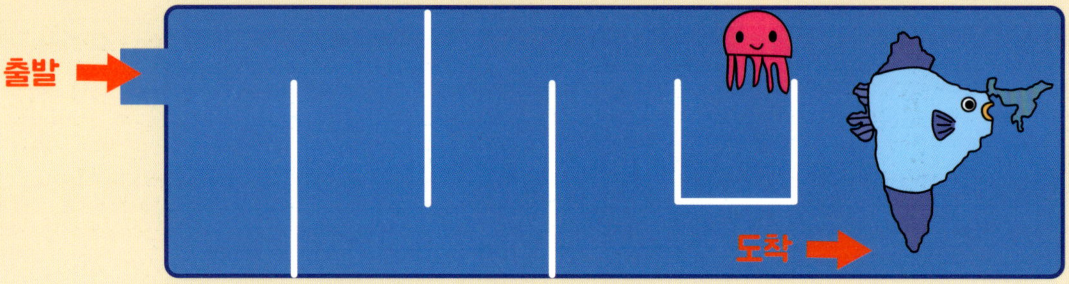

출발 → 도착 →

퀴즈
개복치 모양은
○○

● 전통문화 ●

세계 유산
타지마할
무굴 제국의 황제가 만든 무덤.

홍차
세계에서 가장 많이 생산한다.

요가
인도에서 시작된 수행법.

수도 카트만두

네팔

전차 모양은 네팔

3번 소리 내어 읽어 보세요.

높은 히말라야산맥으로 둘러싸인 나라예요. 불교의 가르침을 알린 부처님이 태어난 곳이랍니다.

카트만두

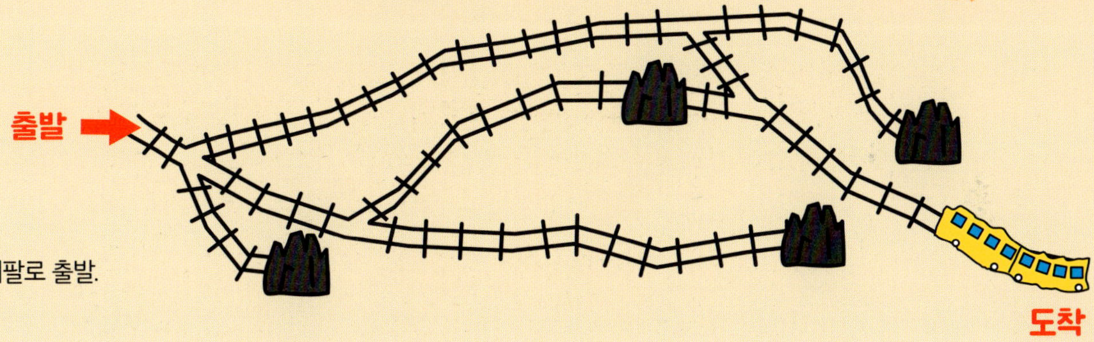

출발

미로
전차 모양 네팔로 출발.

도착

●전통문화●

세계 유산
스와얌부나트 사원
네팔에서 가장 오래된 사원.

세계 유산
치트완 국립공원
코뿔소, 호랑이 등 희귀 동물이 살고 있다.

에베레스트산
세계에서 가장 높은 산. 8848미터.

퀴즈

전차 모양은
○○

말레이시아

수도 쿠알라룸푸르

당근 모양은 말레이시아

3번 소리 내어 읽어 보세요.

말레이시아는 말레이반도와 칼리만탄섬(보르네오섬) 두 지역으로 나뉘어 있어요. 열대 식물 맹그로브 숲이 있지요.

쿠알라룸푸르

말레이반도
칼리만탄섬

퀴즈 당근 모양 말레이시아는 몇 번일까요?
① ②

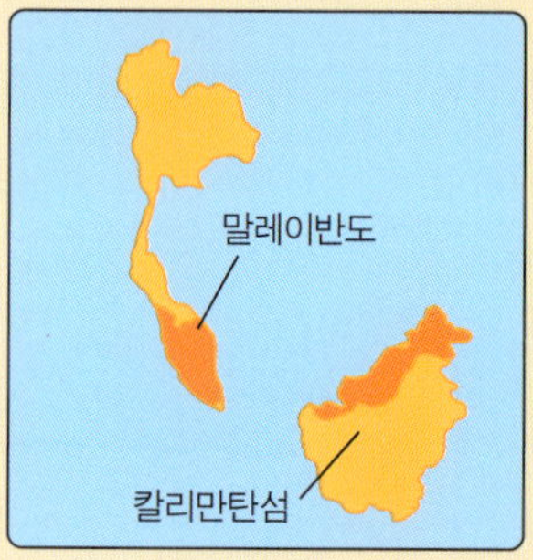

퀴즈

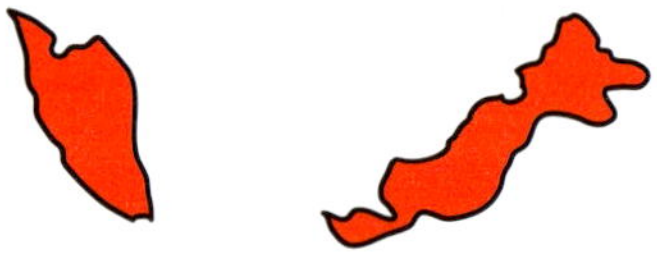

당근 모양은
○○○○○

● 전통문화 ●

세계 유산
키나발루 공원

라플레시아

직경이 90센티미터쯤 되는 세계에서 가장 큰 꽃.

오랑우탄

말레이어로 '숲의 인간'이라는 뜻.

두리안

'과일의 왕'이라고 불린다. 고약한 냄새가 난다.

퀴즈_정답: ② ※①은 고구마

수도
자카르타

인도네시아

오이와 가지 모양은 인도네시아

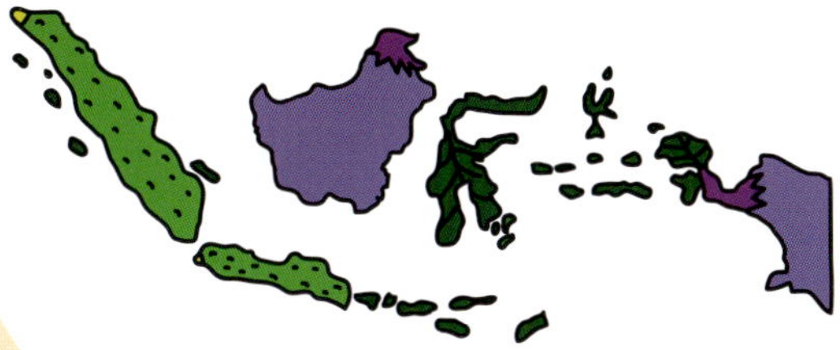

약 13000개의 섬으로 이루어진 나라예요. 비가 많이 내리고 굉장히 더워요. 국민의 80퍼센트 이상이 이슬람교를 믿어요.

3번 소리 내어 읽어 보세요.

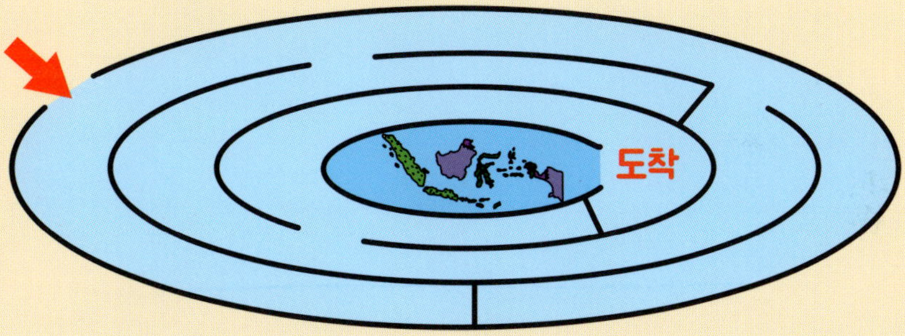

자카르타

미로
오이와 가지 모양 인도네시아로 출발.

출발 → 도착

● 전통문화 ●

세계 유산
보로부두르 불교 사원군

세계 3대 불교 유적 가운데 한 곳.

세계 유산
코모도 국립공원

코모도왕도마뱀이 산다. 길이가 약 3미터이다.

레공

발리섬의 전통 무용.

퀴즈

오이와 가지 모양은
○○○○○

이란

수도
테헤란

달팽이 모양은 이란

옛날에는 '페르시아'라고 불렸던 나라예요. '카스피해'라고 부르는 호수가 있기도 하지만 국토의 많은 부분이 사막이랍니다.

카스피해
테헤란

3번 소리 내어 읽어 보세요.

미로 달팽이 모양 이란으로 출발.

출발 → 도착

퀴즈

달팽이 모양은
○○

●전통문화●

세계 유산
페르세폴리스

약 2500년 전 번성했던 페르시아 제국의 수도.

페르시아 융단

고급 수공예 융단.

석유·천연가스
세계 여러 나라에 수출하고 있다.

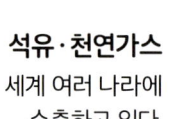

이라크

수도 바그다드

호랑이 모양은 이라크

세계에서 가장 오래된 문명인 메소포타미아 문명이 일어난 곳이에요. 넓은 평원이 펼쳐져 있고 농업이 발달했어요.

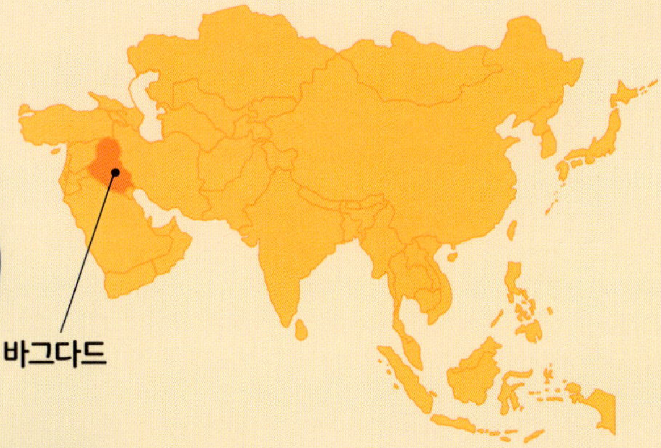

3번 소리 내어 읽어 보세요.

바그다드

메소포타미아 문명
티그리스강과 유프라테스강 근처에서 일어났고 농업과 문자가 발달했다.

미로
노란 호랑이를 거쳐서 도착 지점으로 가 보아요.

출발 → 도착

●전통문화●

세계 유산
말위야 미너렛

모스크에 있는 커다란 나선식 탑.

이슈타르의 문
고대 도시 바빌론 유적에 있는 문.

석유
석유 생산량이 많다.

퀴즈
호랑이 모양은 
○○○

터키

수도 앙카라

버스 모양은 터키

흑해, 에게해, 지중해 등 3개의 바다로 둘러싸여 있어요. 야채, 과일, 곡물, 콩류 등 농업이 발달했어요.

3번 소리 내어 읽어 보세요.

앙카라

미로
버스 모양 터키로 출발.

도착 ← 출발

퀴즈

버스 모양은
○○

● 전통문화 ●

세계 유산
술탄 아흐메드 모스크

이슬람교의 예배당.

세계 유산
카파도키아
버섯 모양의 불가사의한 바위가 늘어서 있다.

케밥(터키 요리)
양고기나 소고기를 돌려 가며 굽는 요리.

사우디아라비아

수도 리야드

라쿤(너구리과) 모양은 사우디아라비아

국토의 3분의 1이 사막이고, 석유가 많이 나요. 이슬람교가 생겨난 곳이며 성지인 메카에 많은 사람들이 찾아와요.

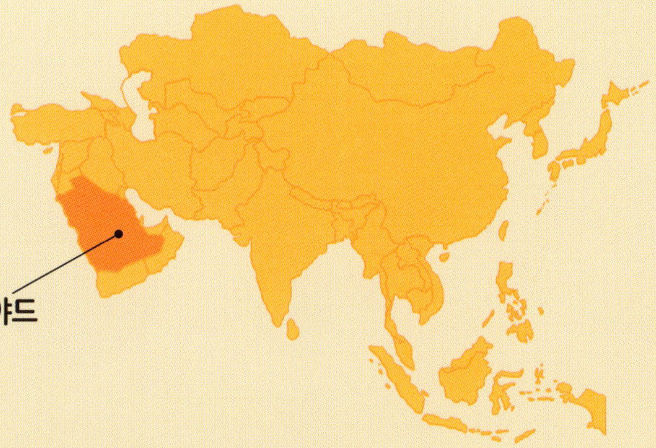

리야드

3번 소리 내어 읽어 보세요.

미로 라쿤 모양 사우디아라비아로 출발.

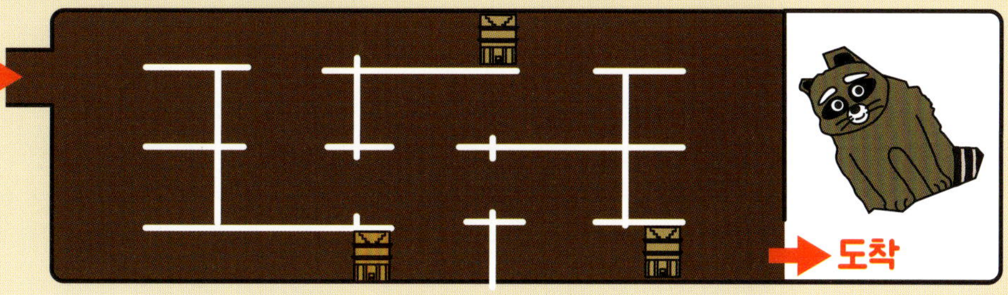

출발 → → 도착

● 전통문화 ●

세계 유산
알 히즈르 고고 유적

약 2000년 전의 고대 도시.

카바 신전

이슬람교 최고의 성지.

석유

수출량 세계 1위.

퀴즈

라쿤 모양은
○○○○○○○

필리핀

수도 마닐라

성화 모양은 필리핀

성화는 올림픽 경기장에 밝혀 놓는 불.

7000개가 넘는 섬으로 이루어져 있고, 바다로 둘러싸여 관광업이 발달했어요. 바나나, 파인애플 등 열대 과일이 많이 나요.

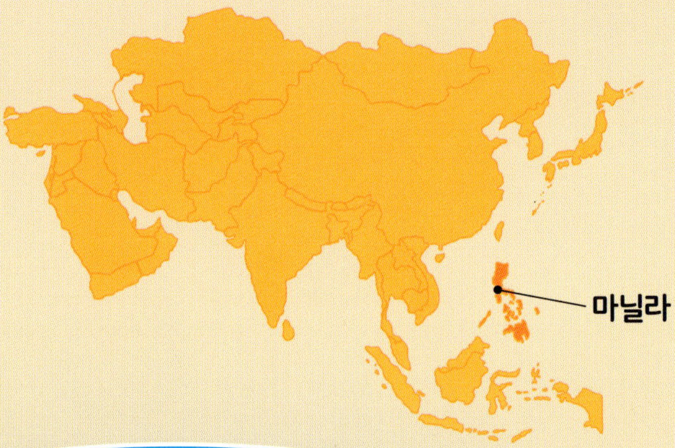

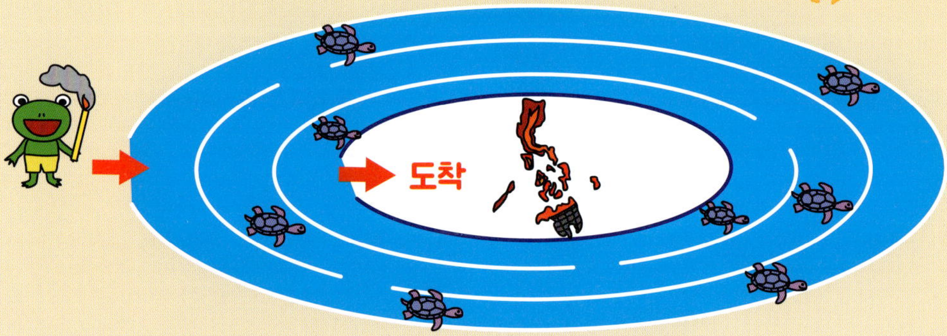

3번 소리 내어 읽어 보세요.

마닐라

미로

출발 → 도착

성화 모양 필리핀에 성화를 전달해 보아요.

퀴즈

성화 모양은
○○○

●전통문화●

세계 유산
투바타하 산호초 자연공원

동남아시아 최대의 산호초가 있다.

고래상어

세부섬 바다에 산다.

바나나
생산량 세계 3위.

수도
누르술탄

카자흐스탄

금붕어 모양은 카자흐스탄

3번 소리 내어 읽어 보세요.

소유즈 우주선을 쏘아 올린 바이코누르 우주 기지가 있어요. 석유, 천연가스 등 지하자원이 많이 나요.

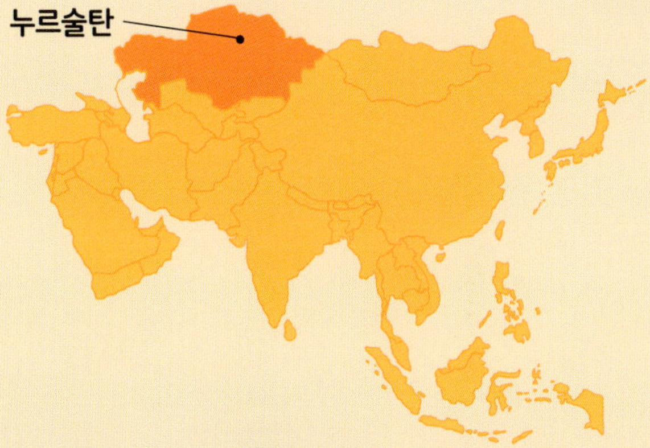

누르술탄

출발

미로

금붕어 모양 카자흐스탄을 거쳐서 도착 지점까지 가 보아요.

도착

● 전통문화 ●

세계 유산
코자 아흐메드 야사위의 영묘

이슬람 건축물.

아자렛 술탄 모스크

카자흐스탄에서 가장 큰 모스크.

세계 유산
탐갈리 고고 경관의 암면 조각
약 3400년 전 바위에 그려진 그림.

퀴즈

금붕어 모양은
○○○○○

21

파키스탄

수도 이슬라마바드

날다람쥐 모양은 파키스탄

인도 옆에 있는 이슬람교의 나라예요. 세계에서 두 번째로 높은 산 K2가 있어요. 면화와 밀을 많이 생산한답니다.

3번 소리 내어 읽어 보세요.

이슬라마바드

K2

미로

날다람쥐가 날아올랐습니다. 날다람쥐 모양 파키스탄까지 갈 수 있는 길은 몇 번일까요?

※ 모퉁이가 나오면 돌아가세요.

도착

1
2 ← 출발
3
4

퀴즈

날다람쥐 모양은
○○○○

●전통문화●

세계 유산
모헨조다로 고고 유적

약 4500년 전의 고대 도시.

트럭 아트
(화려한 장식을 한 트럭)

그림이나 꽃으로 장식한 트럭.

면화

솜과 면의 원료가 되는 식물.

미로_정답: 4

2. 오세아니아

오세아니아는 여기

불도그는 호주
트레일러는 뉴질랜드

인도네시아

태평양

동티모르

파푸아뉴기니

솔로몬제도

바누아투

뉴칼레도니아(프랑스령)

호주

인도양

뉴질랜드

호주

수도 캔버라

불도그 모양은 호주

남반구에 있는 나라예요. 원주민인 '에보리진'이 있어요. 철광석과 석탄이 많이 난답니다.

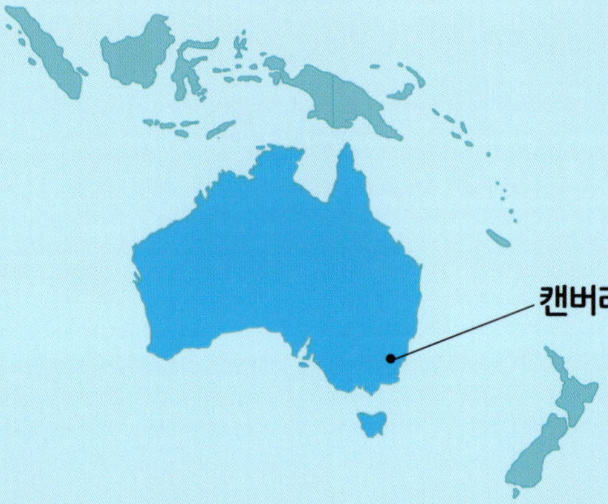

3번 소리 내어 읽어 보세요.

캔버라

미로
불도그 모양 호주를 거쳐 도착 지점까지 가 보아요.

출발 → 도착

퀴즈

불도그 모양은 ○○

●전통문화●

세계 유산
시드니 오페라 하우스

세계적으로 유명한 콘서트 홀.

세계 유산
에어즈 록

울루루-카타추타 국립공원에 있는 산처럼 거대한 바위.

코알라  캥거루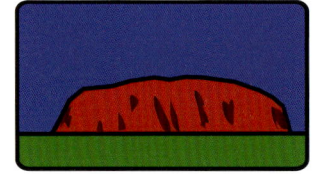
호주 고유 동물.

수도	
웰링턴	

뉴질랜드

트레일러 모양은 뉴질랜드

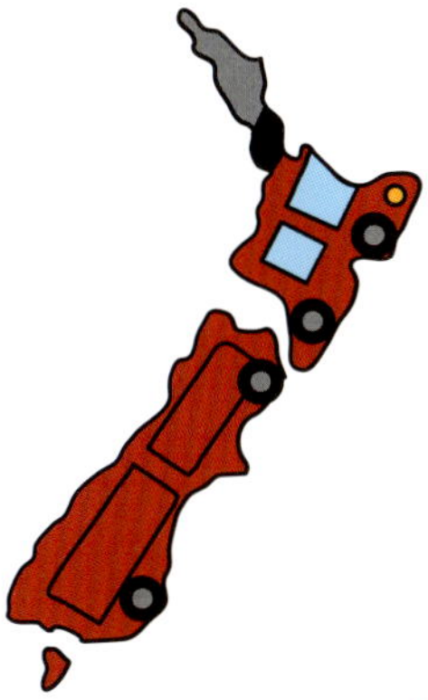

남반구에 있는 나라예요. 양과 소를 기르는 목축업이 발달했어요. 자연 환경이 잘 보존되어 있는 나라입니다.

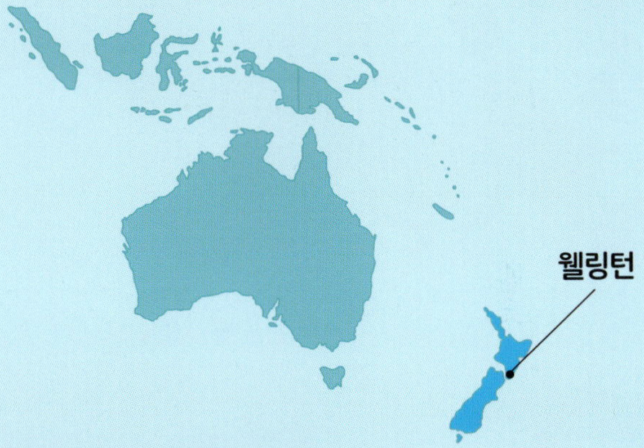

3번 소리 내어 읽어 보세요.

웰링턴

출발 → 도착

미로

트레일러 모양 뉴질랜드로 출발!

● 전통문화 ●

세계 유산
마운트 쿡

키위(새)가 살고 있는 높은 산.

키위(새)

뉴질랜드를 상징하는 새. 날지 못한다.

양

뉴질랜드 인구보다 많다.

키위(과일)

키위(새)와 닮아서 붙은 이름.

퀴즈

트레일러 모양은
○○○○

3. 유럽

유럽은 여기

크게 확대한 지도는 오른쪽

러시아

고래는 러시아

순무는 핀란드

여주는 스웨덴

열쇠는 노르웨이

소프트 아이스크림은 덴마크

용은 영국

버섯은 프랑스

무당벌레는 벨기에

백합은 네덜란드

사자는 독일

오징어는 폴란드

올빼미는 우크라이나

해파리는 스위스

고둥은 오스트리아

장화는 이탈리아

새우는 그리스

딸기는 스페인

곰은 포르투갈

러시아

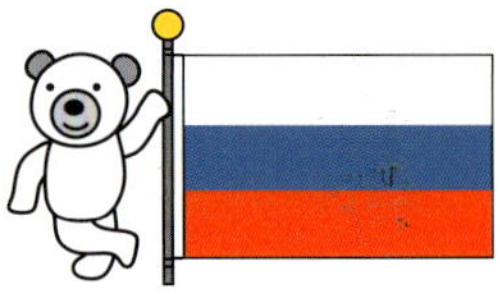

 **수도** 모스크바

고래 모양은 러시아

세계에서 가장 넓은 나라예요. 겨울은 영하 30도까지 내려가기도 하고 매우 추워요. 석유를 비롯해 지하자원이 많아요.

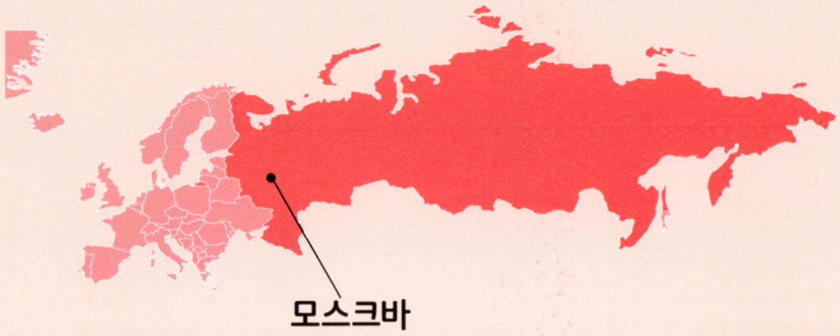

3번 소리 내어 읽어 보세요.

모스크바

미로
어느 쪽 입구로 들어가야 고래 모양 러시아에 도착할 수 있을까요?

입구 / 도착 / 입구

퀴즈

고래 모양은
○○○

●전통문화●

세계 유산
상트 바실리 대성당

러시아 정교 성당.

마트료시카 인형

인형 속에 인형이 끝없이 들어 있는 형태의 인형.

시베리아 철도

세계에서 가장 긴 철도로, 전체 길이가 약 9300킬로미터이다.

미로_정답: 오른쪽 입구

수도	
헬싱키	

핀란드

순무 모양은 핀란드

국토의 약 3분의 2가 숲이에요. 북쪽 지역은 북극권이라 아주 춥지요. 교육에 각별히 힘을 쏟고 있답니다.

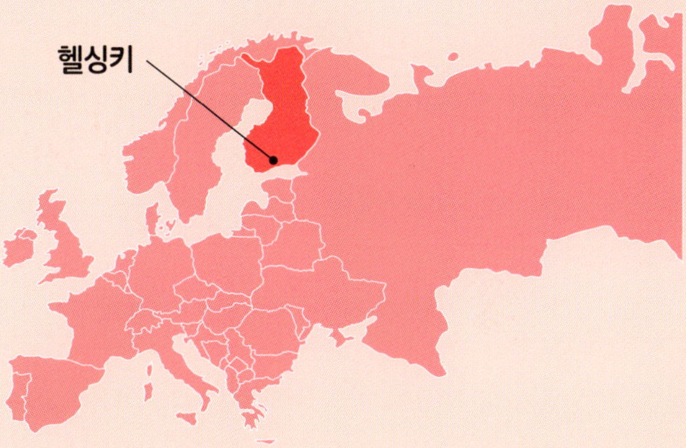

헬싱키

3번 소리 내어 읽어 보세요.

미로
순무 모양 핀란드로 출발!

출발 → 도착

● 전통문화 ●

세계 유산
페테예베시 옛 교회 
약 250년 전 북유럽 양식 목조 건축.

오로라 
하늘에 다양한 색의 빛이 커튼처럼 드리워지는 현상.

산타클로스 마을
산타클로스가 살고 있다.

퀴즈
순무 모양은 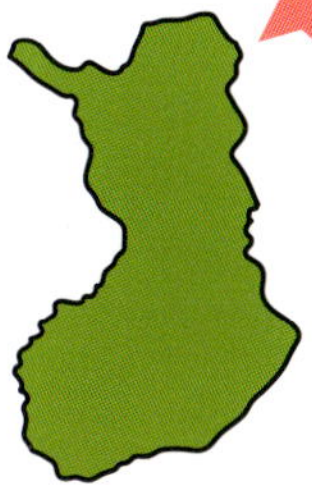
○○○

스웨덴

수도 스톡홀름

여주 모양은 스웨덴

국토의 반 이상이 숲이고 호수가 많은 아름다운 나라예요. 사회 복지가 잘 갖추어져 있어요.

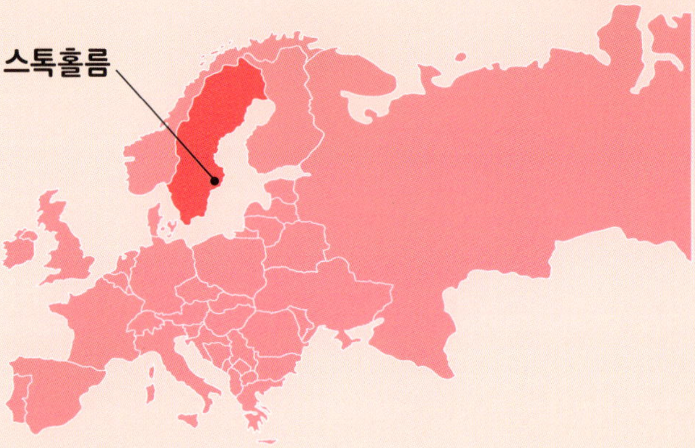

스톡홀름

3번 소리 내어 읽어 보세요.

미로

몇 번 길로 가야 여주 모양 스웨덴에 닿을 수 있을까요?

※ 모퉁이가 나오면 돌아가세요.

출발 →

1
2
3
4

도착

퀴즈

여주 모양은
○○○

● 전통문화 ●

노벨상

다이너마이트는 내가 만들었지!

알프레드 노벨

큰 공을 세운 사람에게 주는 상.

세계 유산

드로트닝홀름 왕실 영지

17세기에 지은 궁전.

모던 가구

사용하기 편한 디자인이라서 인기가 많다.

미로_정답: 4

노르웨이

수도 오슬로

열쇠 모양은 노르웨이

서쪽에는 빙하로 만들어진 복잡한 협곡이 길게 이어져 있어요. 깊이가 1000미터 넘는 곳도 있지요.

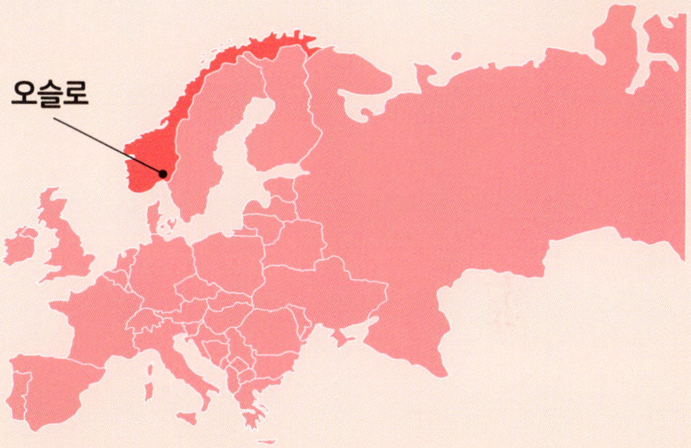

오슬로

3번 소리 내어 읽어 보세요.

퀴즈
노르웨이 모양의 열쇠로 문을 열었습니다.
펭귄은 몇 번 방에 있을까요?

1   2   3

● 전통문화 ●

바이킹
1000년 전의 해적.

세계 유산
에이랑에르 피오르
'피오르의 진주'라고 하는 아름다운 지형.

연어

고등어

어업이 발달했다.

퀴즈

열쇠 모양은
○○○○

퀴즈_정답: 2

덴마크

수도 코펜하겐

소프트 아이스크림 모양은 덴마크

국토의 60퍼센트가 농지예요. 얼음으로 덮여 있는 세계 최대의 섬 그린란드도 덴마크 땅이랍니다.

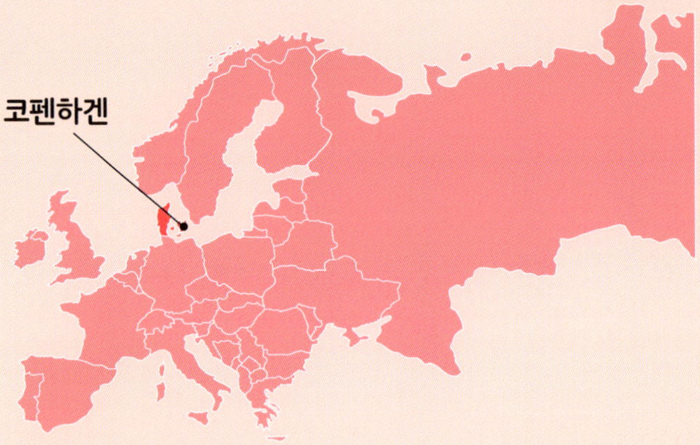

코펜하겐

3번 소리 내어 읽어 보세요.

미로

소프트 아이스크림 모양의 덴마크를 거쳐서 도착지로 가 보아요.

출발 → 도착

●전통문화●

퀴즈

소프트 아이스크림 모양은 ○○○

인어공주

『안데르센 동화』에 나오는 주인공.

세계 유산
크론보르 성

극작가 셰익스피어가 쓴 『햄릿』의 무대.

낙농
고기나 치즈를 많이 생산한다.

수도	
런던	

영국

용 모양은 영국

세계 최초로 증기 기관차를 만들어 전 세계에 큰 영향을 끼쳤어요. 처음으로 축구와 럭비를 시작한 나라예요.

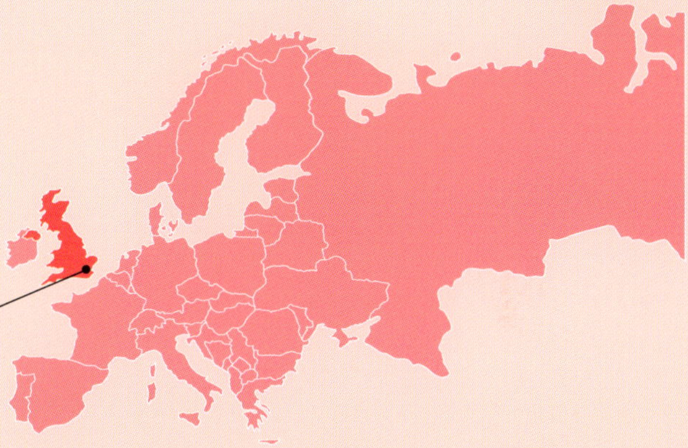

런던

3번 소리 내어 읽어 보세요.

미로
파란 신호를 거쳐 용 모양 영국에 도착해 보아요.

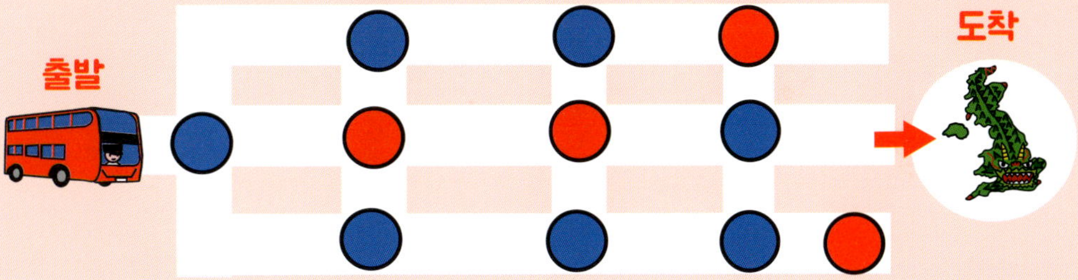

출발 → 도착

● 전통문화 ●

세계 유산
웨스트민스터 궁전
영국 국회 의사당. 시계탑 빅 벤도 유명하다.

세계 유산
런던 탑
중세 시대 때 지은 성.

런던 버스
런던의 상징인 빨간색 2층 버스.

퀴즈
용 모양은
○○

33

프랑스

수도
파리

버섯 모양은 프랑스

예술과 문화의 나라예요. 피카소나 고흐 등 천재라고 불리는 예술가들이 많이 활동했어요. 세계 유산도 많답니다.

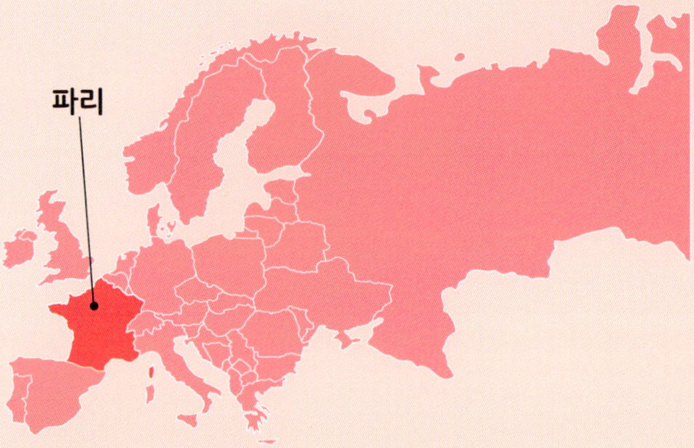

파리

3번 소리 내어 읽어 보세요.

미로
버섯 모양 프랑스로 출발.

출발 → 도착

퀴즈

버섯 모양은
○○○

● 전통문화 ●

세계 유산
루브르 박물관

세계적으로 유명한 「모나리자」 그림이 있다.

세계 유산
에펠 탑

1889년에 세워진 높이 324미터의 탑.

와인

세계 생산량의 약 20퍼센트를 차지한다.

벨기에

수도 브뤼셀

무당벌레 모양은 벨기에

국토는 작지만 유서 깊은 건물이 많아요. 와플이나 초콜릿 등 전통 과자가 인기 있지요.

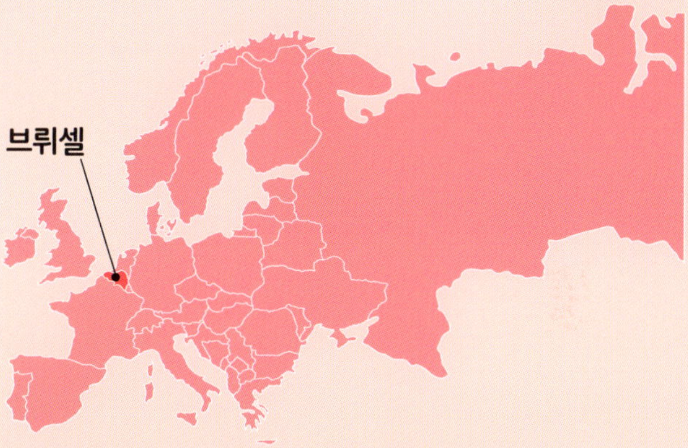

브뤼셀

3번 소리 내어 읽어 보세요.

미로 무당벌레 모양 벨기에로 출발.

출발 → 도착

● 전통문화 ●

EU 본부

EU(유럽 연합) 본부가 브뤼셀에 있다.

세계 유산
브뤼셀 시청사
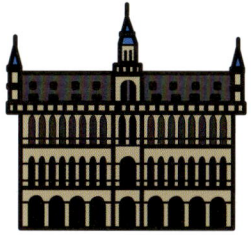
세계에서 가장 아름답다는 그랑 플라스 광장에 있다.

벨기에 와플
벌집 모양 철판 2장 사이에 끼워 굽는 과자.

퀴즈

무당벌레 모양은
○○○

네덜란드

수도 암스테르담

백합 모양은 네덜란드

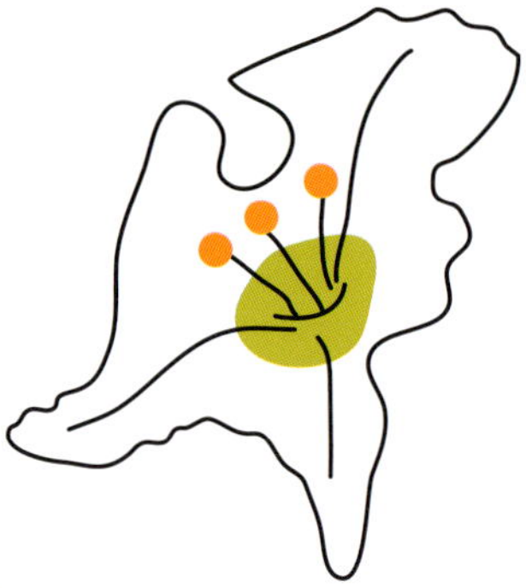

국토의 4분의 1이 해수면보다 낮아요. 그래서 바다를 메워 땅을 넓혀 왔어요. 낙농과 꽃 재배가 발달했답니다.

암스테르담

3번 소리 내어 읽어 보세요.

미로
백합 모양 네덜란드로 출발.

출발 → 도착

퀴즈

백합 모양은
○○○○

●전통문화●

세계 유산
킨더데이크 엘샤우트 풍차망
19개 이상의 풍차가 남아 있다.

튤립
네덜란드의 대표적인 꽃.

고다 치즈
네덜란드의 전통 치즈. 세계에서 생산량이 가장 많다.

수도
베를린

독일

사자 모양은 독일

유럽에서 경제적으로 가장 풍요로운 나라예요. 가전제품이나 자동차 제조 등 공업이 발달했어요.

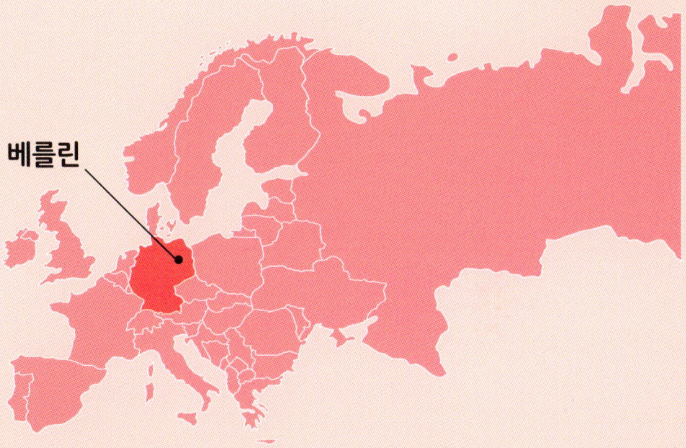

베를린

3번 소리 내어 읽어 보세요.

출발 → 도착

미로
사자 모양 독일을 거쳐 도착지까지 가 보아요.

● 전통문화 ●

자동차

세계 4위 자동차 생산국.

세계 유산
쾰른 대성당

세계 최대 고딕 건축물.

맥주
약 5000 종류나 된다.

퀴즈

사자 모양은
○○

37

폴란드

수도 바르샤바

오징어 모양은 폴란드

석탄, 은, 구리 등 광물 자원이 풍부해요. 오랜 역사를 간직하고 있고, 아름다운 건축물이 많이 남아 있는 나라랍니다.

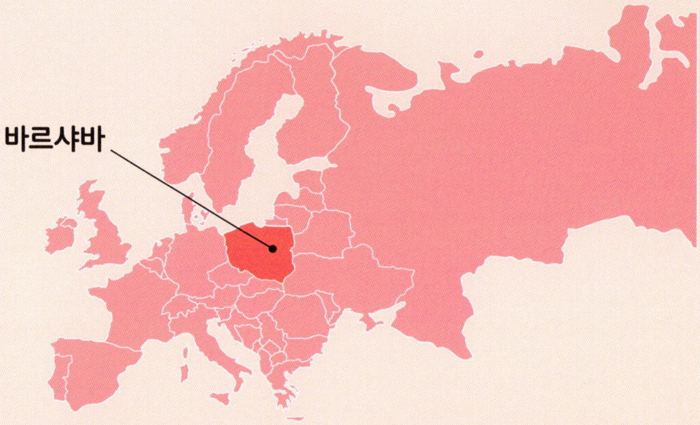

바르샤바

3번 소리 내어 읽어 보세요.

미로
오징어 모양 폴란드로 출발.

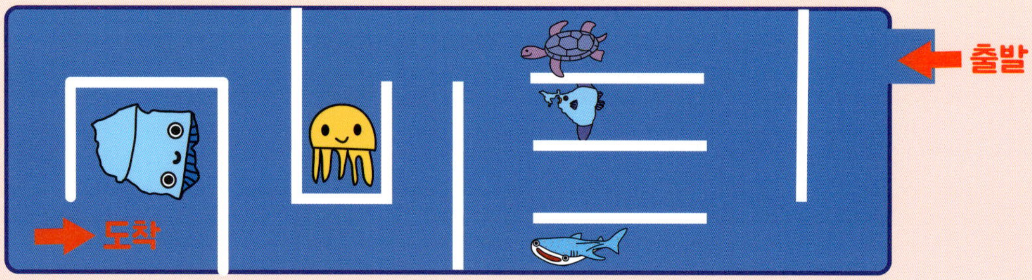

출발 → 도착

●전통문화●

퀴즈

오징어 모양은
○○○

마리 퀴리
물리학자.
방사능 연구로 노벨상을 2번 받았다.

세계 유산
자모시치 옛 시가지

'르네상스의 진주'라 불리는 아름다운 거리.

쇼팽
폴란드에서 태어난 작곡가이자 피아니스트.

수도 키예프

우크라이나

올빼미 모양은 우크라이나

동쪽에는 러시아, 남쪽에는 흑해가 있어요. 기름진 땅이 많아 농업이 발달했지요. 밀, 옥수수 등을 수출하고 있습니다.

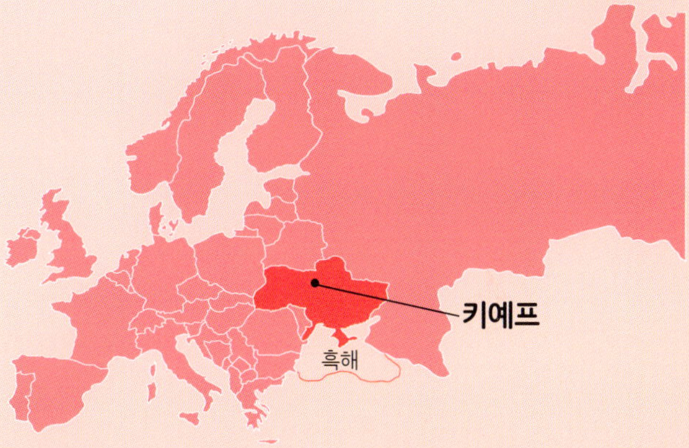

3번 소리 내어 읽어 보세요.

키예프
흑해

미로

몇 번 길로 가면 올빼미 모양 우크라이나에 도착할 수 있을까요?

※ 모퉁이가 나오면 돌아가세요.

출발 → 1 2 3 4 도착

● 전통문화 ●

코사크 댄스

우크라이나의 전통 무용.

세계 유산
성 소피아 대성당

980년의 역사를 간직한, 키예프에서 가장 오래된 교회.

보르쉬

세계 3대 수프 가운데 하나.

퀴즈

올빼미 모양은
○○○○○

미로_정답: 4

스위스

수도 베른

해파리 모양은 스위스

대한민국의 40퍼센트 정도 크기의 나라예요. 알프스산맥과 호수 등 아름다운 자연이 펼쳐져 있어 관광이 발달했어요.

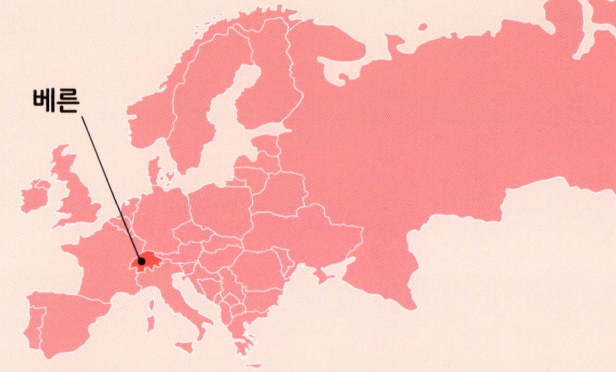
베른

3번 소리 내어 읽어 보세요.

퀴즈
수조 안에 해파리 모양 스위스가 몇 개 있을까요?

퀴즈

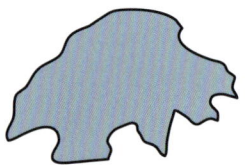

해파리 모양은
○○○

● 전통문화 ●

시계

고급 시계 회사가 많다.

세계 유산
알프스 융프라우 알레치

세계에서 가장 아름다운 고산 풍경으로 알려져 있다.

치즈 퐁듀
녹인 치즈에 빵을 찍어 먹는다.

퀴즈_정답: 3개

| 수도 |  빈 | # 오스트리아 |

고둥 모양은 오스트리아

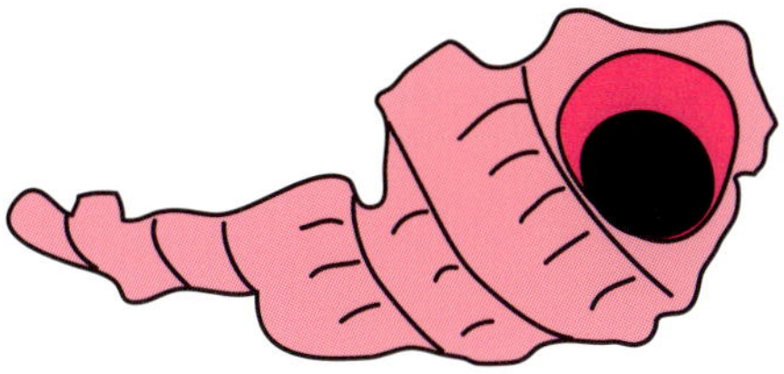

수도인 빈은 '음악의 고향'으로 알려져 있어요. 모차르트, 슈베르트, 베토벤 등 많은 음악가들이 활동했어요.

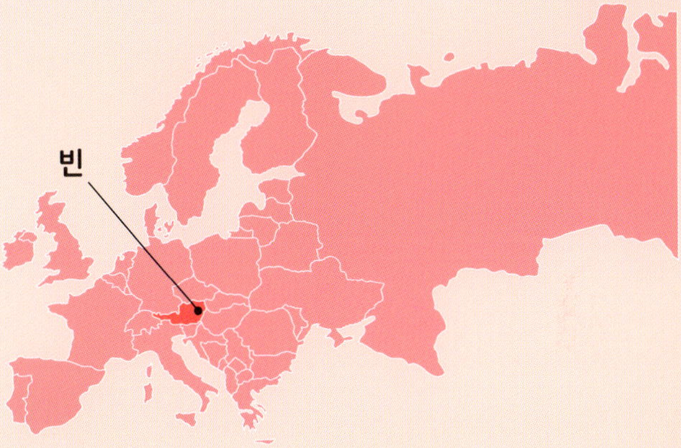

빈

3번 소리 내어 읽어 보세요.

미로
고둥 모양 오스트리아를 거쳐 도착 지점까지 가 보아요.

출발 → 도착

●전통문화●

크리스털

고급 유리로 장식품 등을 만들 때 쓴다.

세계 유산
쇤브룬 궁전

아름다운 바로크 양식의 궁전.

자허토르테
빈에서 시작된 초콜릿 토르테 또는 케이크.

퀴즈

고둥 모양은
○○○○○

이탈리아

수도
로마

장화 모양은 이탈리아

고대 로마 시대의 유산이 많아요. 세계 유산이 가장 많은 나라죠. 밀라노를 비롯해 패션으로 유명한 도시들이 있습니다.

로마

3번 소리 내어 읽어 보세요.

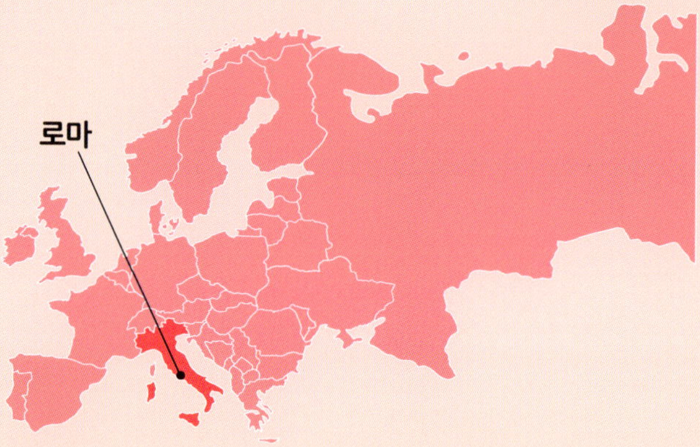

출발 → 도착

미로

장화 모양 이탈리아로 출발.

●전통문화●

퀴즈

장화 모양은
○○○○

피자
파스타
이탈리아 가정 요리.

세계 유산
콜로세움
고대 로마 시대에 지어진 원형 격투기장.

세계 유산
피사의 사탑
800년 전부터 기울어져 있다.

수도	
아테네	

그리스

새우 모양은 그리스

약 3000년 전에 그리스 문명이 번성했어요. 고대 유적이 많지요. 농업과 관광업이 발달했어요.

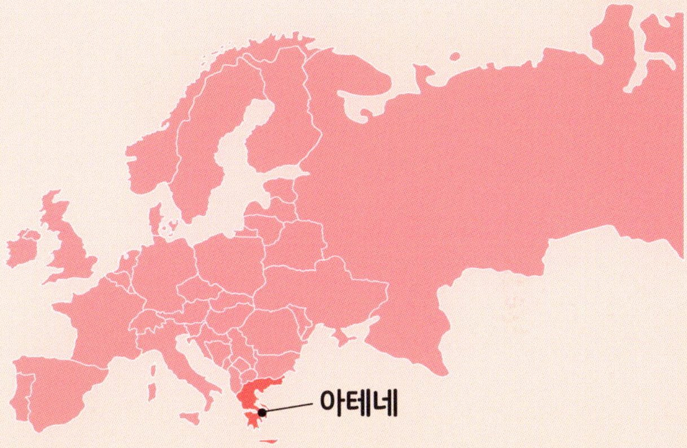

3번 소리 내어 읽어 보세요.

아테네

미로

새우 모양 그리스로 출발.

출발 → 도착

● 전통문화 ●

고대 올림픽

약 2800년 전에 시작됐다.

세계 유산
파르테논 신전

약 2500년 전에 지어졌다.

올리브
올리브 오일 생산의 본고장.

퀴즈

새우 모양은
○○○

스페인

수도
마드리드

딸기 모양은 스페인

밀, 감자, 올리브, 포도 등 농업이 발달했어요. 세계 유산이 많고 관광업에 힘을 쏟고 있지요.

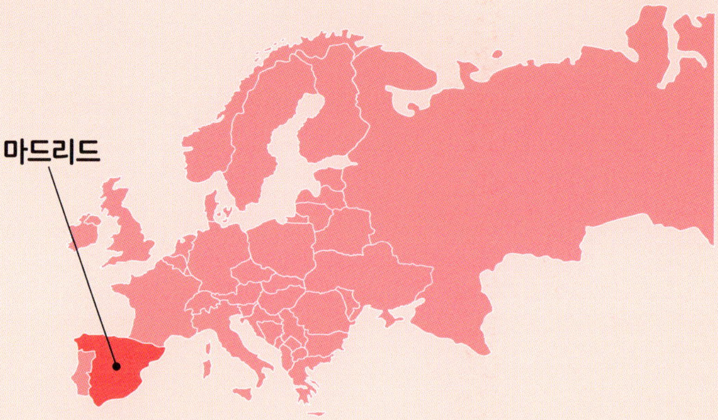

마드리드

3번 소리 내어 읽어 보세요.

퀴즈

딸기 모양 스페인. 무슨 색깔의 딸기가 가장 많을까요?

●전통문화●

퀴즈

딸기 모양은
○○○

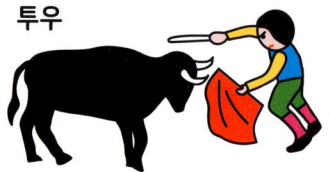

투우

투우사와 소가 대결하는 경기.

세계 유산
사그라다 파밀리아 성당

건축가 안토니 가우디가 설계했다.

플라멩코

기타 연주와 노래가 어우러진 정열적인 춤.

퀴즈_정답: 핑크(6개)

포르투갈

수도 리스본

> 곰 모양은 포르투갈

3번 소리 내어 읽어 보세요.

> 대항해 시대(15~18세기)에 세계 여러 나라에 진출했어요. 와인과 코르크 제조, 목재 가공업 등의 산업이 발달했어요.

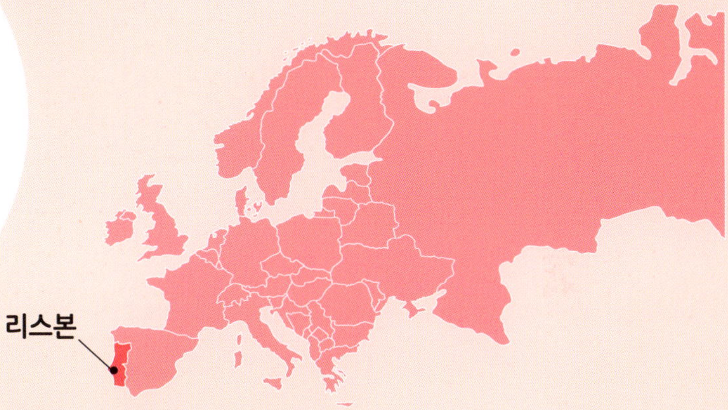

리스본

미로
곰 모양 포르투갈로 출발.

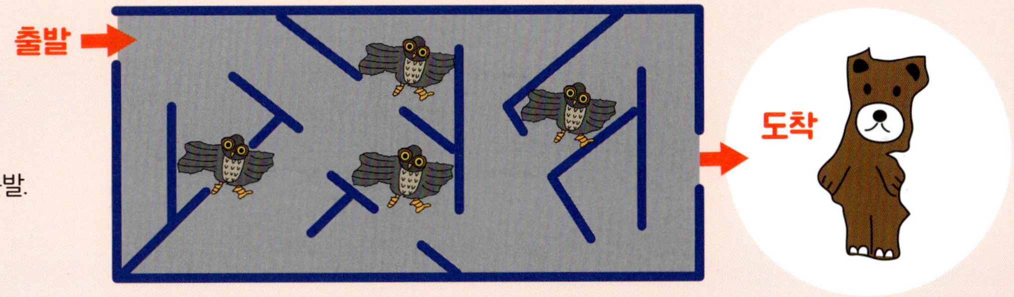

출발 → 도착

● 전통문화 ●

파스텔 드 나타

'에그 타르트'라고도 하는 인기 과자.

세계 유산 — 벨렝 탑

바스쿠 다 가마의 세계 일주를 기념해서 만들었다.

카스텔라와 별 사탕
약 500년 전에 일본에 전해졌다.

퀴즈

곰 모양은
○○○○

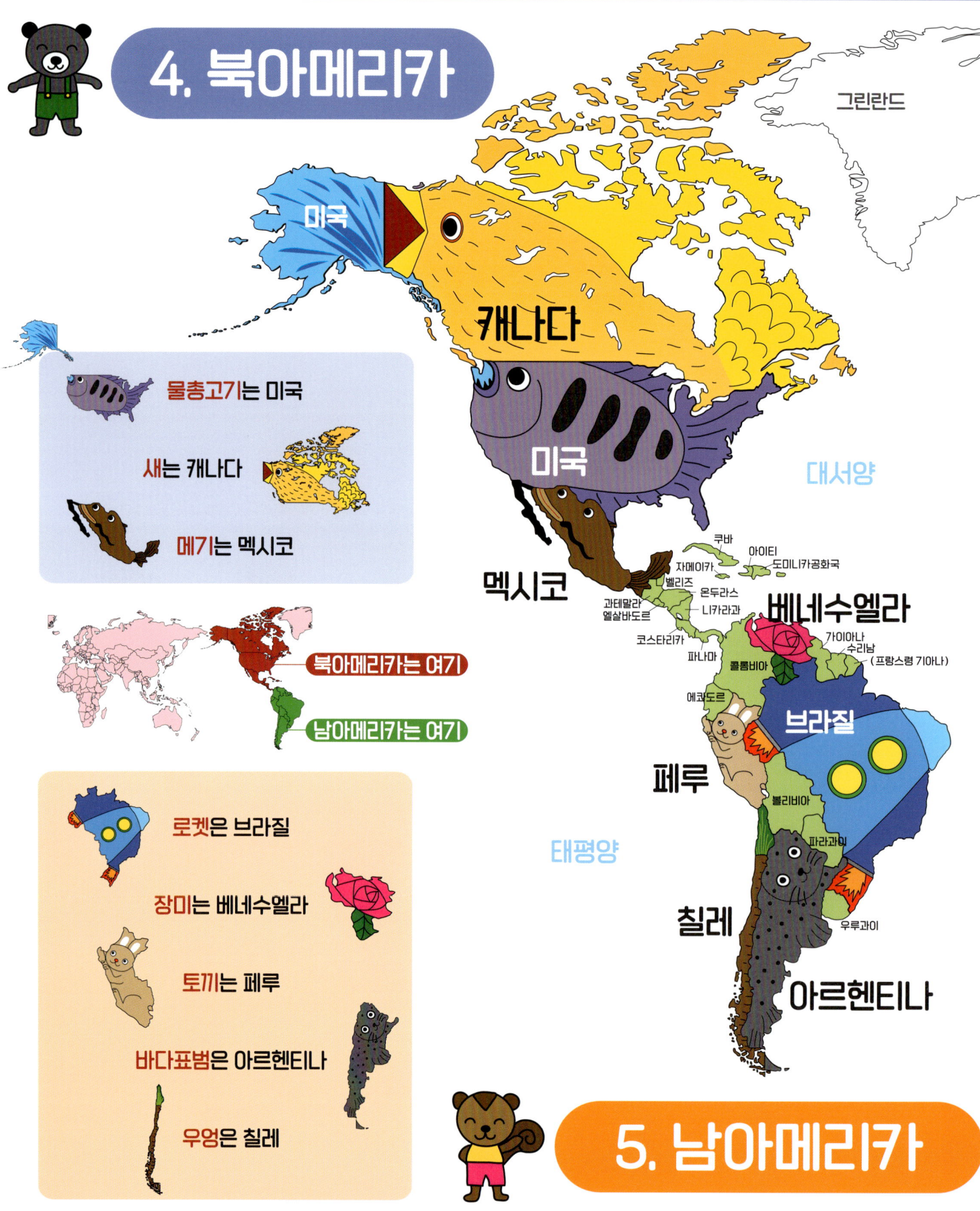

수도
워싱턴 D.C.

미국

물총고기 모양은 미국

물총고기는 입으로 물을 쏘아 벌레 따위를 잡아먹는 물고기.

3번 소리 내어 읽어 보세요.

여러 인종이 살고 있고, 세계 경제에 큰 영향을 미치고 있는 나라예요. 웅장한 자연이 펼쳐져 있어요.

워싱턴 D.C.

① 사과 ② 케이크 ③ 벌레

퀴즈
물총고기는 입으로 물을 쏘아서 무엇을 잡아먹을까요?

● 전통문화 ●

미국 국회 의사당

워싱턴 D.C.에 있는 국회 의사당.

세계 유산
자유의 여신상

1886년에 프랑스가 선물했다.

핫도그와 햄버거

미국에서 시작돼 세계 여러 나라로 퍼졌다.

퀴즈

물총고기 모양은 ○○

퀴즈_정답: ③

캐나다

수도
오타와

새 모양은 캐나다

세계에서 두 번째로 넓은 나라예요. 농업과 목축업이 발달했어요. 아름다운 자연을 보러 많은 관광객이 찾아온답니다.

오타와

3번 소리 내어 읽어 보세요.

미로

새 모양 캐나다까지 갈 수 있는 길은 몇 번일까요?

※ 모퉁이가 나오면 돌아가세요.

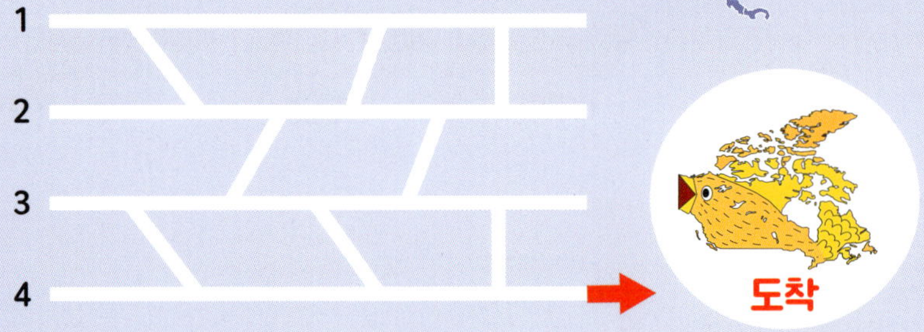

출발 → 1 2 3 4 → 도착

퀴즈

새 모양은
○○○

●전통문화●

세계 유산
캐나다 로키산맥 공원

빙하, 호수, 폭포가 넓게 펼쳐져 있는 자연 유산.

나이아가라폭포

폭 약 900미터, 낙차 약 50미터.

메이플시럽

메이플나무 수액으로 만든 시럽.

수도
멕시코시티

멕시코

메기 모양은 멕시코

3번 소리 내어 읽어 보세요.

300~900년쯤에 번성했던 마야 문명과 관련된 세계 유산이 많아요. 은 생산량이 세계 최고이지요.

멕시코시티

미로 메기 모양 멕시코까지 가자!

출발 도착

● 전통문화 ●

마리아치

민족 의상을 입고 전통 음악을 연주하는 악단.

세계 유산
쿠쿨칸의 신전

춘분과 추분 날만 뱀의 그림자가 나타난다.
마야 문명의 고대 도시 치첸이트사에 세워져 있다.

타코

빵에 다양한 재료를 끼워 넣은 요리.

퀴즈

메기 모양은
○○○

49

브라질

수도 브라질리아

로켓 모양은 브라질

3번 소리 내어 읽어 보세요.

브라질리아

세계에서 유역 면적이 가장 넓은 아마존강이 있어요. 또 아마존 정글에서는 많은 산소가 만들어져요. 축구를 굉장히 잘 하는 나라입니다.

미로
로켓 모양 브라질로 출발!

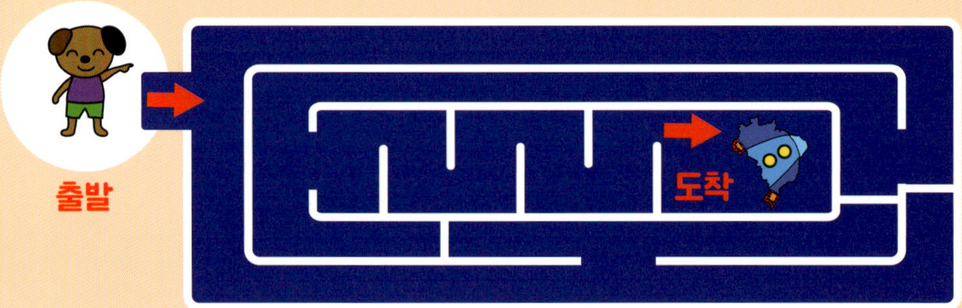

출발 → 도착

퀴즈

로켓 모양은
○○○

● 전통문화 ●

아마존강

피라냐

세계에서 2번째로 긴 강. 피라냐, 악어 등 육식 생물이 산다.

세계 유산
이구아수폭포

수량이 굉장히 풍부하다. 폭이 약 4500미터.

커피

커피콩
세계에서 생산량이 가장 많다.

수도 카라카스

베네수엘라

장미 모양은 베네수엘라

→ 카라카스

고원, 밀림, 초원이 넓게 펼쳐져 있고, 기후가 온난하며 풍요로운 자연을 갖고 있어요. 남아메리카에서 석유가 가장 많이 나요.

3번 소리 내어 읽어 보세요.

미로
장미 모양 베네수엘라를 거쳐 도착지까지 가 보아요.

출발 → 도착 →

● 전통문화 ●

세계 유산
앙헬폭포

낙차가 약 1000미터인 세계 최고 폭포.

카피바라

강이나 호수 근처에 사는 커다란 설치류.

아마존강돌고래 (핑크돌고래)
오리노코강에 산다.

퀴즈

장미 모양은
○○○○○

페루

수도 리마

토끼 모양은 페루

리마

국토의 많은 부분이 안데스산맥과 맞닿아 있는 고원 지대예요. 15~16세기경 이곳에서 잉카 제국이 번성했어요.

3번 소리 내어 읽어 보세요.

퀴즈

옆의 그림은 나스카 지상 그림이에요. ①, ②는 각각 무엇을 그린 걸까요?

거미

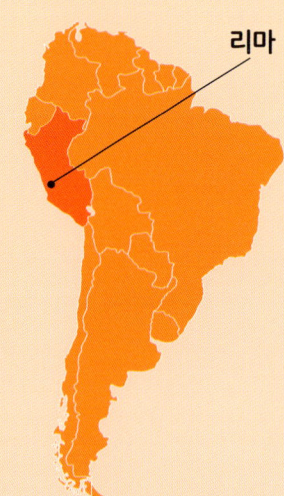

퀴즈

토끼 모양은
○○

● 전통문화 ●

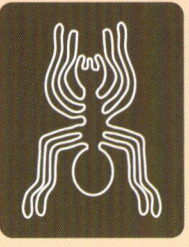

세계 유산
나스카 지상 그림(개)

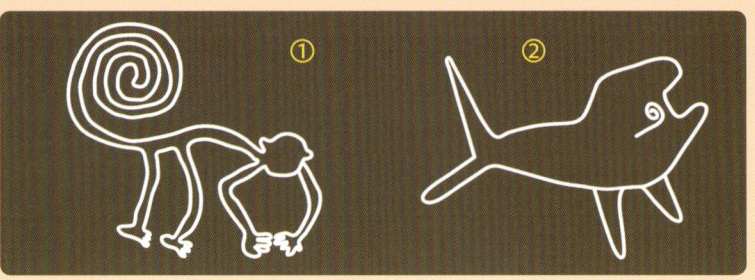

땅 위에 그려진, 50미터가 넘는 커다란 그림이다.

세계 유산
마추픽추 역사 보호 지구

500년 이상 전에 만들어진 잉카 제국의 공중 도시.

라마
사람들의 짐을 나르는 가축.

퀴즈_정답: ① 원숭이 ② 고래

수도 부에노스아이레스

아르헨티나

바다표범 모양은 아르헨티나

3번 소리 내어 읽어 보세요.

부에노스아이레스

대초원이 넓게 펼쳐져 있고, 양과 소를 방목하는 목축업이 발달했어요. 밀, 옥수수 등을 생산하여 농업 국가로 알려져 있지요.

미로
바다표범 모양 아르헨티나로 출발!

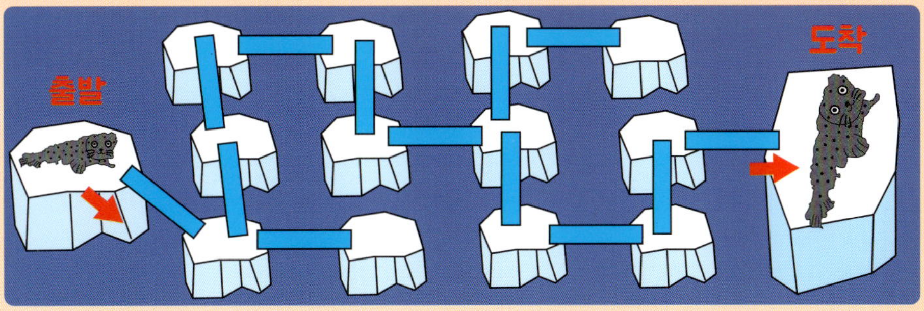

출발 → 도착

● 전통문화 ●

아르헨티나 탱고

약 140년 전에 부에노스아이레스에서 생겨났다.

세계 유산
로스 글라시아레스 국립공원

안데스산맥 남쪽에 있는 빙하.

소고기

주식이라고 할 정도로 소비량이 많다.

퀴즈

바다표범 모양은
○○○○○

칠레

수도 산티아고

우엉 모양은 칠레

3번 소리 내어 읽어 보세요.

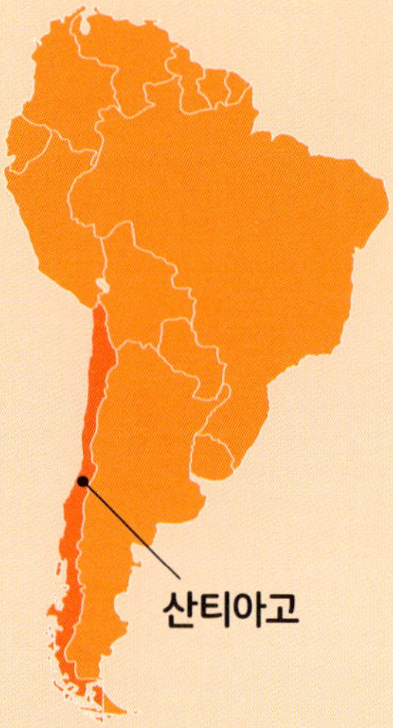

안데스산맥과 태평양 사이에 있는, 남북으로 가늘고 긴 나라예요. 구리 산출량이 세계 1위랍니다.

산티아고

미로
우엉 모양 칠레로 출발.

출발 → 도착

퀴즈

우엉 모양은 ○○

●전통문화●

마젤란펭귄

남쪽 따뜻한 곳에 산다.

세계 유산
모아이

'이스터섬'에 있는 커다란 석상. 6~17세기에 만들어졌다.

연어

피오르를 이용한 양식이 발달했다.

6. 아프리카

모로코
튀니지
알제리
리비아
이집트
(서사하라)
사우디아라비아
오만
모리타니아
말리
니제르
차드
수단
에리트레아
예멘
세네갈
감비아
부르키나파소
지부티
기니비사우
기니
베냉
나이지리아
에티오피아
시에라리온
가나
중앙아프리카
남수단
라이베리아
토고
소말리아
코트디부아르
카메룬
우간다
적도기니
가봉
케냐
콩고
르완다
부룬디
인도양
콩고민주공화국
탄자니아
대서양
앙골라
잠비아
말라위
짐바브웨
나미비아
모잠비크
보츠와나
마다가스카르
에스와티니
레소토
남아프리카공화국

아프리카는 여기

판다는 알제리

가오리는 이집트

물뿌리개는 모로코

스포츠카는 마다가스카르

고양이는 케냐

그루터기는 콩고민주공화국

요트는 카메룬

병아리는 에티오피아

코뿔소는 남아프리카공화국

알제리

 수도
알제

판다 모양은 알제리

알제

국토의 대부분이 사하라 사막이에요. 석유와 천연가스가 많이 난답니다. 바다와 접한 땅에서는 오렌지와 포도가 자라고 농업이 발달했어요.

3번 소리 내어 읽어 보세요.

미로
판다 모양 알제리로 출발.

출발 → 도착

●전통문화●

퀴즈

판다 모양은
○○○

페넥여우(사막여우)

몸길이가 약 30센티미터. 여우과 동물.

사하라사막

세계 최대 사막.

세계 유산
팀가드 고고 유적

고대 로마인이 세운 도시 유적.

이집트

수도 카이로

가오리 모양은 이집트

카이로

약 5000년 전 나일강 근처에서 4대 문명 가운데 하나인 이집트 문명이 생겨난 나라예요. 국토의 대부분이 사막이에요.

3번 소리 내어 읽어 보세요.

퀴즈
물통 안에 가오리 모양 이집트가 몇 개 있을까요?

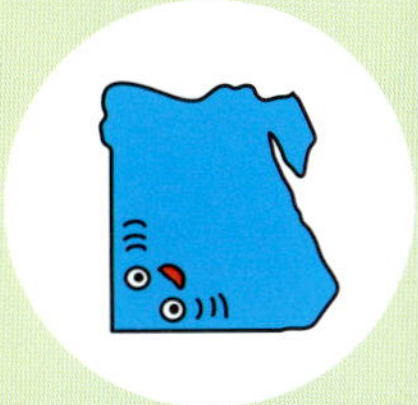

● 전통문화 ●

투탕카멘의 가면

고대 이집트 왕의 황금 가면.

세계 유산
스핑크스와 피라미드

세계에서 가장 유명한 세계 유산.

[세계의 긴 강]

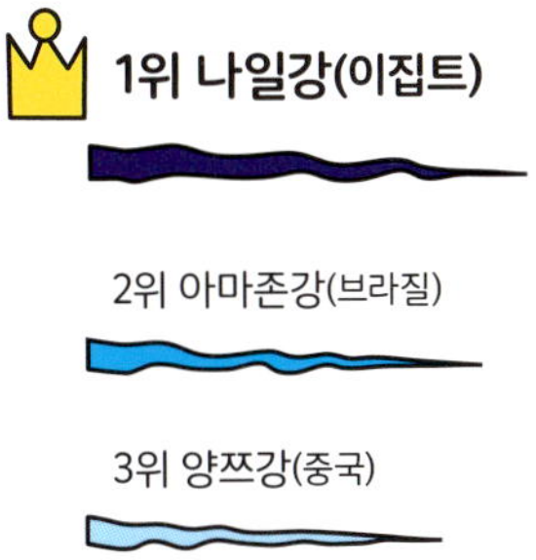

👑 1위 나일강(이집트)

2위 아마존강(브라질)

3위 양쯔강(중국)

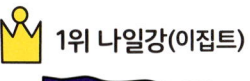

나일강의 길이는 6695킬로미터.

퀴즈

가오리 모양은
○○○

퀴즈_정답: 6개

모로코

수도 라바트

물뿌리개 모양은 모로코

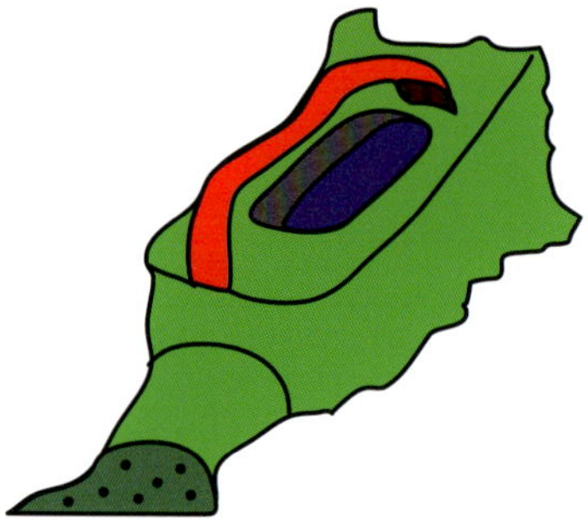

라바트

남쪽에 사하라사막이 있어요. 세계 유산도 많고, 미로처럼 뒤엉킨 오래된 마을 길도 남아 있어 관광지로 인기가 많아요.

3번 소리 내어 읽어 보세요.

미로
물뿌리개 모양 모로코로 출발.

출발 → 도착

퀴즈
물뿌리개 모양은 ○○○ 

● 전통문화 ●

세계 유산
아이트 벤 하두의 크사르

약 500년 전 하두족이 흙으로 만든 주거지.

세계 유산
볼루빌리스 고고 유적

아름다운 모자이크가 남아 있다.

타진(모로코 요리)
고기, 야채, 생선 등을 원뿔형 냄비(타진)에 찐 요리.

수도 안타나나리보

마다가스카르

스포츠카 모양은 마다가스카르

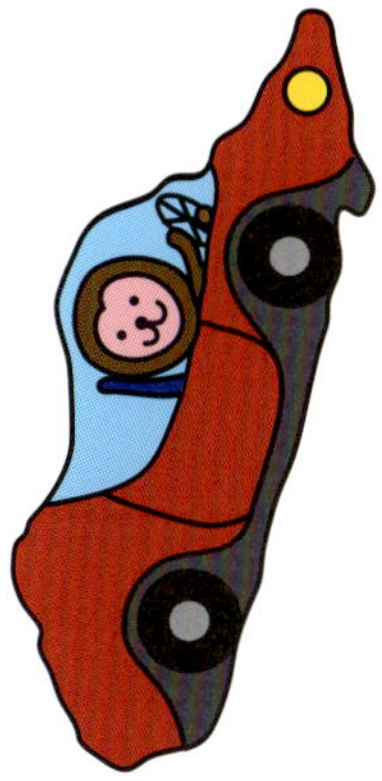

3번 소리 내어 읽어 보세요.

안타나나리보

세계에서 4번째로 큰 섬이에요. 독자적으로 진화한 희귀 동식물이 많이 살아요.

미로

스포츠카 모양 마다가스카르까지 가려면 몇 번 길로 가야 할까요?

※ 모퉁이가 나오면 돌아가세요.

출발 → 1, 2, 3, 4 도착

● 전통문화 ●

바오밥나무

높이 20미터가 넘는 나무.

세계 유산
베마라하 칭기 자연 보존 지역

수만 년에 걸쳐 만들어진 뾰족한 석회암이 늘어서 있다.

브루케시아 미크라

세계에서 가장 작은 카멜레온이다. 전체 길이가 약 3센티미터 정도이다.

퀴즈

스포츠카 모양은
○○○○○○

미로_정답: 4

케냐

수도 나이로비

고양이 모양은 케냐

- 투르카나호수 (루돌프호수, 비취호수)
- 나이로비

적도가 지나는 나라입니다. 고원 지대라서 기후가 비교적 선선해요. 대초원에 야생 동물이 많이 살아요.

3번 소리 내어 읽어 보세요.

미로
고양이 모양 케냐로 출발.

출발 → 도착

퀴즈

고양이 모양은 ○○

●전통문화●

홍차
향이 좋고, 세계적으로 인기가 높다.

마사이족
'최강의 전사'라고 불리는 소수 부족.

세계 유산
대지구대의 케냐 호수 계

사자, 기린, 검은코뿔소, 홍학 등 많은 동물들이 살고 있다.

수도
킨샤사

콩고민주공화국

그루터기 모양은 콩고민주공화국

3번 소리 내어 읽어 보세요.

비가 많이 내리고 세계에서 천둥이 가장 많이 치는 나라예요. 열대 우림에는 오카피, 보노보 등 희귀 동물들이 살아요.

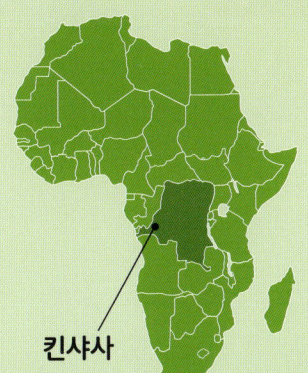

킨샤사

미로

그루터기 모양 콩고민주공화국을 거쳐 도착 지점까지 가 보아요.

출발 → 도착

● 전통문화 ●

세계 유산
오카피 야생 동물 보호 지역

오카피는 세계 3대 희귀 동물 중 하나로, 기린과에 속한다.

세계 유산
비룽가 국립공원

커다란 용암호가 있는 활화산.

다이아몬드
세계 3위 생산량.

퀴즈

그루터기 모양은
○○○○○○○

카메룬

수도
야운데

요트 모양은 카메룬

3번 소리 내어 읽어 보세요.

야운데

장대한 자연과 열대 우림, 그리고 수많은 야생 동물을 볼 수 있는 곳이에요. 산업은 면화, 커피 등 농업이 중심이에요.

미로
요트 모양 카메룬으로 출발.

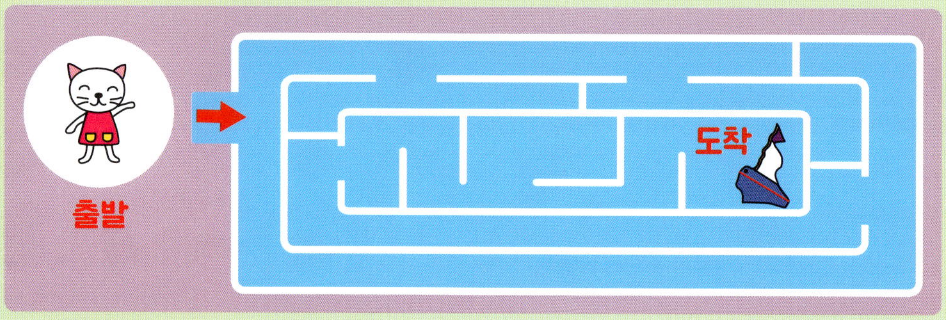

출발 → 도착

퀴즈

요트 모양은
○○○

●전통문화●

룸시키의 기암
화산 활동으로 만들어진 신기한 풍경.

세계 유산

로베케 국립공원
서부로랜드 고릴라 등 희귀 동물이 살고 있다.

카카오
초콜릿의 원료.

수도: 아디스아바바

에티오피아

병아리 모양은 에티오피아

3번 소리 내어 읽어 보세요.

아디스아바바

오랜 역사를 갖고 있는 나라예요. 해발 약 2400미터의 수도 아디스아바바를 비롯해 국토의 대부분이 고지랍니다. 그래서 비교적 기후가 선선하지요.

미로
병아리 모양 에티오피아로 출발.

출발 — 도착

● 전통문화 ●

에티오피아 커피

커피의 발생지로 알려져 있다.

세계 유산
랄리벨라 암굴 교회

12~13세기경 바위를 깎아 만들었다.

에티오피아늑대

멸종 위기에 처해 있다.

퀴즈

병아리 모양은
○○○○○

남아프리카공화국

수도: 프리토리아

코뿔소 모양은 남아프리카공화국

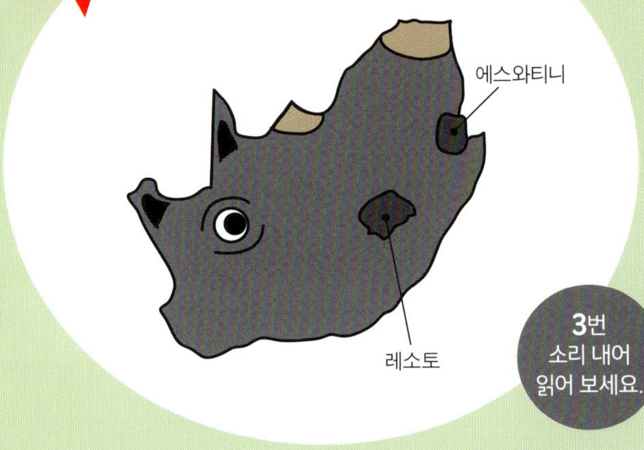

- 에스와티니
- 레소토

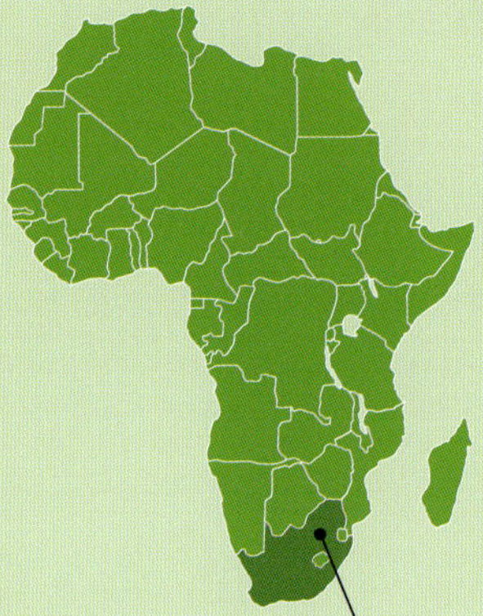

3번 소리 내어 읽어 보세요.

아프리카 대륙의 가장 남쪽에 있는 나라예요. 백금, 다이아몬드 등 광물을 많이 생산하지요.

프리토리아

미로

코뿔소 모양 남아프리카공화국을 거쳐 도착 지점까지 가 보아요.

출발 → 도착

퀴즈

코뿔소 모양은
○○○○○○○

●전통문화●

실러캔스
'살아 있는 화석'이라 불리는 고대 물고기.

세계 유산

스테르크폰테인동굴
약 350만 년 전의 사람 뼈가 발견되었다.

금

백금
남아프리카공화국은 '세계의 금광'이라 불린다.

글·그림 아키야마 카제사부로

1948년 나가사키현에서 태어났습니다. 화가이자 작가이며, 일본 미술가 연맹의 회원입니다. 2006년부터 출간하고 있는 '1日の１０分でえがじょうずにかけるほん'(講談社) 시리즈는 누적 100만 부를 넘었습니다. 화가로 활동하는 한편 보육원, 유치원, 초등학교에서 어린이를 대상으로, 또 수험생을 대상으로 미술 지도를 하고 있습니다. 출간한 책으로는 '1日５分でじがかけるほん'(講談社) 시리즈, 『1日の１０分でちずをおぼえる絵本とどうふけんたのしくおぼえてわすれない』(白泉社) 등이 있습니다.

옮긴이 최사호

다양한 분야의 논픽션 도서를 기획 및 편집하는 편집자로 일하고 있습니다. 때때로 글을 쓰고 번역하는 일도 합니다.

하루 10분, 세계 지도와 놀아요

2021년 12월 15일 1판 1쇄

글·그림 아키야마 카제사부로 | 옮김 최사호

편집 최일주, 이혜정, 김인혜 | **디자인** 김재미
제작 박흥기 | **마케팅** 이병규, 이민정, 최다은 | **홍보** 조민희, 강효원 | **인쇄** 코리아피앤피 | **제책** 책다움

펴낸이 강맑실 | **펴낸곳** (주)사계절출판사 | **등록** 제406-2003-034호
주소 (우)10881 경기도 파주시 회동길 252
전화 031)955-8588, 8558 | **전송** 마케팅부 031)955-8595, 편집부 031)955-8596
홈페이지 www.sakyejul.net | **전자우편** skj@sakyejul.com | **블로그** skjmail.blog.me
페이스북 facebook.com/sakyejulkid | **인스타그램** instagram.com/sakyejulkid

값은 뒤표지에 적혀 있습니다. 잘못 만든 책은 구입하신 서점에서 바꾸어 드립니다.
사계절출판사는 성장의 의미를 생각합니다.
사계절출판사는 독자 여러분의 의견에 늘 귀 기울이고 있습니다.
이 책은 저작권법에 따라 보호받는 저작물이므로 무단전재와 무단복제를 금합니다.

ISBN 979-11-6094-761-8 77980

1nichi 10pun de Sekai Chizu wo Oboeru Ehon © Kazesaburou Akiyama 2017
All rights reserved.

Original Japanese edition published by KODANSHA LTD.
Korean translation rights arranged with KODANSHA LTD.
through Shinwon Agency Co.

Shinwon Agency를 통해 KODANSHA와 맺은 독점 계약에 따라 이 책의 한국어판 저작권은 (주)사계절출판사가 소유합니다. 저작권법에 따라 한국 내에서 보호를 받는 저작물이므로 무단 전재와 무단 복제를 금합니다.

복습 지도

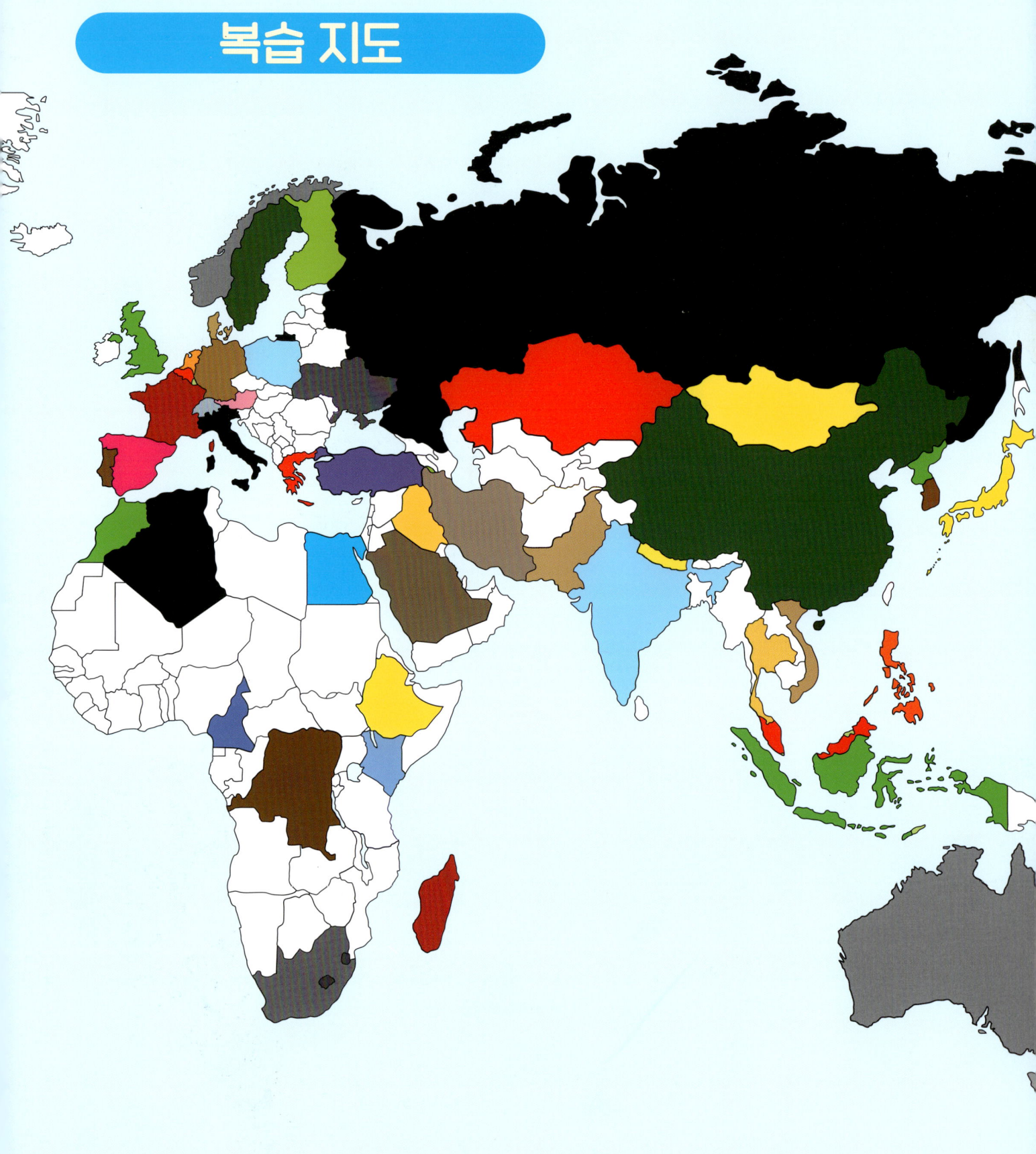